U0116706

看　見

世 界 的 另 一 端

紀文鳳 主編

商務印書館

責任編輯	林雪伶
裝幀設計	涂　慧　趙穎珊
排　　版	高向明
印　　務	龍寶祺

看見世界的另一端

主　　編	紀文鳳
內文文案	李錦雄　吳嘉豪
出　　版	商務印書館（香港）有限公司
	香港筲箕灣耀興道 3 號東滙廣場 8 樓
	http://www.commercialpress.com.hk
發　　行	香港聯合書刊物流有限公司
	香港新界荃灣德士古道 220-248 號荃灣工業中心 16 樓
印　　刷	新世紀印刷實業有限公司
	香港九龍土瓜灣木廠街 36 號聯明興工廠大廈三樓
版　　次	2022 年 7 月第 1 版第 1 次印刷
	© 2022 商務印書館（香港）有限公司
	ISBN 978 962 07 0612 7
	Printed in Hong Kong

看見

紀文鳳 主編

世界的另一端

目　錄

引 言

踮 起 腳，

看見世界的另一端

有人說，生活就如一座圍城。

是甚麼原因讓你總想要出走？書中的撰文者可能會回答說：「是為了學習和挑戰自我，是因為好奇別處的日常。」亦可能是：「為了不想過一眼看得到頭的日子。」

所以他們選擇踮起腳出走，去一個全然陌生的環境，一個人們有着單純眼神的地方；看看世界的另一端，與原本所生活的地方有甚麼不同。

你以怎樣的眼光看世界，

就會決定你擁有怎樣的人生。

生命對於每個人都是公平的，除了有一點一滴陽光雨露的滋潤，亦會有幾許曲折幾許磨鍊；需要參與者直面困難和挫折，才能開拓視野，看見世界。這些都是人生路上最寶貴的財富。

你手上捧着的書本，乃由無止橋慈善基金的持份者、橋友、學生及義工等，懷着初心與感恩之情撰稿而成。他們在某年某月出走到世界的另一端，回來後將所看所感濃縮成文。裏頭有大大小小的私密故事，也有個人的反省與感悟，更有不少連結着彼此的深厚情誼。編者按各篇文章的特性，歸納到看見世界另一端的「天、地、人」三個類別。

看見　　　另一端的天

無止橋慈善基金成立時有兩個夢想，我們鼓勵大學生和社會義工到內地偏遠的山區，幫助村民搭建便橋，解決因大自然環境使兩岸居民分隔的難題。除了實體便橋，我們更希望通過義工服務，令香港的學生和義工，與內地的村民和參與項目的學生，增進彼此之間的認識和溝通，搭建起無形的心橋。

橋架在地之上，得一便橋，形如架在天空；人行走在橋上，也就成了一道獨特的風景。述說着橋的故事的文章，讀者可在「看見另一端的天」這一部分找到。

看 見　　　　另 一 端 的 地

地，厚重而深遠，能承載萬物，它指導着人類生存和發展的哲學思想，思考「地」，就是思考人的自身。

無止橋多年來一直與國家住房和城鄉建設部合作，在甘肅省會寧縣馬岔村開展「生土建築」項目的示範推廣工作，以就地取材的生土來為村民建造住房，該項目更兩度榮獲聯合國教科文組織和世界人居獎的世界性知名獎項。想更好地了解不同文化的思想，想觀看他人如何將山水與萬物及人的生命連貫起來，那就不要錯過章節「看見另一端的地」。

看 見　　　　另 一 端 的 人

人，生長於天地之間，下立足於地，上敬奉於天。人，是做人，也是為人處世，而做人，說的就是一種態度。學生和義工透過參與無止橋舉辦的各種活動，從中逐漸領悟如何做人。

與他人共處，總會牽引出各種心情、情緒，相信讀者可從「看見另一端的人」這部分的文章中略窺一二。如有關「人」的故事、情感能夠觸動你，想必也是一個有情人。

古人的世界觀裏，構成生命意義與現象的基本要素就是天、地、人。此三者的和諧，即是世間的最美好狀態，簡而言之，就是天地人和。這種觀念經過世代相傳發展，儼然已成為中華民族的文化傳統。

不論是天、地、人哪一章節，我們均可發現和感受到，其中對天地與自然持有虔誠敬畏之心的思想，讚揚中華民族樂於與天地合一的精神，又或順應社會文化的發展趨勢，講述人與社會、人與人心啟迪的作用。

學生和義工到農村服務後，將獲到的裨益內化，發現在世界另一端所看到的天與地，與在城市中所看到的原來並不一樣。同時，在參與活動過後有所成長、有所改變，當這種成長和改變累積到某個程度後，他們所看到的天與地，亦已經與從前所看到的不一樣了。

適逢無止橋創立 15 周年，此次成書實有賴各位踴躍提筆。用心寫的文字總帶有溫度，此書也是心連心的橋樑，我們盼望，那種熾熱的溫度，能夠無盡無止地傳遞到你手上。

1/ 無止橋基金成立典禮（2007）

2/ 無止橋基金成立五周年（2012）

3/ 無止橋基金成立八周年（2015）

1
2　　3

1/ 無止橋基金成立 10 周年大合照一（2017）

2/ 無止橋基金成立 10 周年大合照二（2017）

3/ 2018 年基金主席鍾逸傑爵士榮休歡送會

1
2　　3

無止橋慈善基金發展里程碑

紀文鳳發起無止橋慈善基金

無止橋慈善基金與國家住房和城鄉建設部（住建部）簽訂合作協議，在香港正式成立。由吳恩融教授擔任基金主席。

2007 年

鍾逸傑爵士擔任基金主席

甘肅省馬岔村現代夯土民居推廣戶示範建設順利完成，有關技術亦得以在河北、江西等地獲得推廣示範。

2013 年

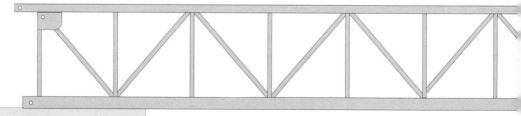

無止橋慈善基金成立 10 周年，期間在內地共完成超過 60 個項目。

無止橋慈善基金（香港）北京代表處正式成立。

許正宇先生擔任基金主席

無止橋夯土建築榮獲 2019 世界人居獎。

沈祖堯先生擔任基金主席

無止橋香港學生團隊開始參與香港本地鄉郊保育活動。

《無止貝雷橋建造手冊》正式出版及榮獲實用新型專利。

無止橋慈善基金成立 15 周年，在內地共修建了 52 條人行便橋，3 個農村社區中心，超過 200 棟現代生土民居，約有 70,000 村民受惠。

017 年　　　　2018 年　　　　2019 年　　　2020 年　　　2021 年　　　2022 年

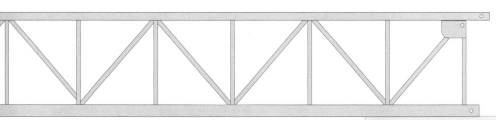

1~5/ 麗江黎光村河上建橋施工（照片由無止橋慈善基金管理委員會成員陳翔先生提供）

序 言

序 一

同行天地間，感恩有你在

15 年，說長不長，說短不短！

15 年前無止橋慈善基金成立的初心，是基於兩個夢想：第一個是到內地偏遠山區為村民起便橋，透過環保理念，改善當地民生，並且讓城市的年青人認識農村生態，學習地方智慧同文化承傳。第二個是鼓勵香港的大學生和內地朋輩與當地村民一同合作築橋，和開展夯土住房建築的項目，從而促進互相尊重，溝通了解，共建兩地心橋。

自 2007 年無止橋成立以來，中港兩地參與的大學生超過 6,000 人。至今我們一共建造了 52 條行人便橋，3 個農村社區中心，207 棟現代生土民居，約有 70,000 村民受惠；我們和大學合作，派學生到甘肅省馬岔村無止橋夯土建築中心實習交流。我們希望鼓勵大學生，在未踏入社會工作之前，一生起碼一次身體力行到農村，體驗不一樣的生活。即使過去兩年半新冠肺炎病毒疫情肆虐，兩地未能通關，亦無礙本港大專院校及內

地無止橋各大學分會合作無間，項目活動持續進行。

在過去 15 年，我們的義工團隊帶領大學生，由開始時為村民和兒童過河避險，建造行人便橋。逐漸將原始的網箱橋不斷優化，演進到更安全耐用的小型貝雷橋。由環保夯土住房安全建築，進入建設社區，到衛生廁所，垃圾焚化爐建造等，還有學生體驗實習課程。我們重視可持續發展，服務社區，以及保護地方的文化和傳統。適逢其會，我們參與了國家的扶貧政策和農村振興的發展，見證了國家在 2020 年成就「攻堅脫貧，全面小康」的輝煌成果，亦樂見農民生活水平和收入的提升。

15 年來無止橋項目帶給大學生一個不一樣的世界。畢竟城市和農村的生活方式，有着天淵之別。富足的城市人在接觸貧困山區兒童之後，好像上了一課寶貴的生命教育 —— 本來以為是去農村做慈善公益，然後發現是在幫助自己，除了心中滿足、增廣見聞之餘，最大的感觸和領悟是：簡單生活原來最快樂！今天他們踏出校門，事業有成，大部分同學亦已成家立室，欣然承諾他們的下一代長大時，都要來加入無止橋做學生義工，實在可喜。

15 年來，無止橋陪着大家去發現世界的另一端，有時在烈日當空下，汗流浹背一起搬石頭築橋，或是鋤地做夯土建築；有時偕同做家訪，聽着滿臉縐紋的老農民唱吟古調民樂，細訴他們的動人故事；有時陪着留守兒童玩耍，教導他們衛生常識……勞動一天後，同學們最愛晚上齊齊躺在黃土大地上，仰望天際流動的繁星，感受着宇宙無窮之大！無數中港兩地，甚至海外的大學生，加入了無止橋的大家庭，有如人生的過客，雖然聚散有期，大家卻永遠緣繫心橋，互相珍惜，友誼無止！

15 年來，感恩有你與我們同行，在內地翻山越嶺，漫山遍野留下無

止橋的印記！感恩我們的無止橋團隊，包括創會會員、導師義工和顧問：黃錦星局長、穆均教授、陳翔教授、葉恩慈先生、何祝崑先生、李德偉先生、李有威先生、李耀華先生，以及支持者和贊助機構，包括陳孔明先生、利希慎基金及九龍倉集團等，皆是由第一天開始直至現在，對無止橋慈善基金關愛有嘉，不離不棄！

感恩國際歐亞科學院院士、國家住建部前副部長仇保興先生及住房和城鄉建設部原總經濟師趙暉先生，15 年來一直在我們身邊護航，讓我們在不同的體制下，順利完成不同的工程和民生項目。

今年是香港回歸祖國 25 周年，也是無止橋成立 15 周年，除了無盡感恩之外，期盼各位無止橋舊雨新知，繼續支持我們，在中港兩地啟發更多年青人去推行可持續發展和環保理念。集合各方智慧、資源、愛心和力量，幫助有需要的社區，搭建更多連繫人心的無止橋。

紀文鳳

無止橋慈善基金發起人及榮譽會長

1/ 無止橋董事局及管理委員會的成員聚首拍照留念。左起：義務司庫黃信安先生、陳禮健博士工程師、副主席陳志榮博士工程師、鄭新文教授、陳翔先生、前主席許正宇先生（現為香港特區政府財經事務及庫務局局長）、主席沈祖堯教授、基金發起人及榮譽會長紀文鳳女士、何祝崑先生、副主席馬天惠女士、張依勵博士、陳永康博士工程師。

2/ 2011年，藉清華大學及香港大學建校百周年，無止橋慈善基金特別發動近50位清華及港大的學生與專業志願者，在雲南省麗江市永勝縣仙源村建設「清華港大百年校慶無止橋」。上排右二為紀小姐，旁邊是前特首林鄭月娥女士。

3/ 2016 年馬岔村民中心竣工典禮，紀小姐與周嘉旺女士、穆鈞教授及其學生拍照留影。

4/ 無止橋的贊助人與資深成員慶賀計劃見證香港回歸 20 載。

5/ 農村小朋友的笑臉，是紀小姐最珍貴的回憶。

6/ 紀小姐（中）與沈祖堯教授（左上）與一眾中大團隊成員慶祝無止橋項目建成。

1		4
2	3	5	6

序 二

無止橋 15 周年快樂！

時光如梭，無止橋慈善基金已經邁入第 15 年，如果將無止橋比作一個人，他已成為一個少年。我們見證着青年人成長，也見證着無止橋不斷的成長，心裏充滿着感恩和期待。

我參加無止橋在內地的建橋工程共三次，有機會與本地及內地的年青人生活在一起，共處一至兩周時間，和他們一起建橋、在農村裏工作和村民朝夕相對地生活。在晚間一起聊天及參與他們的活動，給我很大的鼓舞，看見年青人不斷成長，並對農民各方面的需要作出貢獻，這是一個很有意義的活動和學習的機會。

相信無止橋大家庭裏有很多與我有同樣想法的人，不論是贊助商、導師或社會義工，各自在擅長的領域以不同方法指導青年人，陪伴他們一起經歷，一起感悟，一起成長。在此，我僅代表無止橋慈善基金向多年來支持機構發展的贊助商、大學師生、義工導師及社會各界愛心人士表示衷心的感謝。

施比受更有福。我亦特別感謝多年來參與無止橋活動的青年人,與其說無止橋為青年人提供一些平台,倒不如說青年人給了我們一個機會,讓我們走進他們的世界,感受和了解他們的想法、熱情和信念。他們用實際行動,表達對他人和社會的關愛。我參加無止橋在山區的活動時,學生成為了我的朋友,我們一起去關心、一起工作、一起分享,我們彼此之間就架起了一座心橋。

　　希望大家通過此書,更深入的了解我們的工作和我們的青年人。無止橋未來的關注點,除了改善偏遠農村社區設施和環境條件外,學生能更深入體驗和了解地方的民間智慧和傳統文化,讓學生得以多元及全人發展,增長文化和知識。未來請繼續多多支持無止橋慈善基金,彼此搭建更多的心橋。

　　期待與各位在活動中相見!

沈祖堯教授

無止橋慈善基金主席

1/ 沈教授與中港兩地的無止橋團隊同
　學聊天交流。

2/ 沈教授與計劃受助村鎮的小朋友合
　照，感受當地風土人情。

3/ 2017 年，沈祖堯教授（左二）在無
　止橋項目現場了解計劃情況。

4/ 沈教授（左二上）與紀小姐（正中）
　以及一眾社會賢達在基金會的酒會
　上留影。

1	2
3	4

序 三

獨特的文化瑰寶

　　猶記得，我 2001 年從杭州到建設部工作時，第一件事就是決定在城鎮化大潮中把農村歷史文化遺產保存下來。當時新農村建設正如火如荼地進行，但基層出台了許多錯誤的政策，例如用城市建設模式來建設鄉村，把鄉村城市化，甚至要取消農民的養殖權。這些政策的出台，顯然忽視了農村農民的基本需求，也忽視了中國人根深蒂固的土地情結。

　　2003 年，由我主導啟動了「歷史文化名鎮名村」和「傳統村落」評選，搶了個先機，率先把 5,000 多個價值最高的歷史文化名村保護了下來，這等同於把農村最寶貴的文化遺產保存了下來，顯然意義重大。因為我國有着 70 多萬個村子，每一個村莊都有自己的文化價值、歷史價值，每一座村莊都是一段鄉土的故事，一個獨特的文化瑰寶。

　　正是基於相同的理念，在後來的工作中，我與無止橋基金會正式結緣。自 2007 年成立以來，無止橋一直致力鼓勵香港大學師生踏足中國內地、體驗農村、貢獻國家，提倡社會因地制宜、尊重地方文化，運用可持

續的環保理念修橋築路、翻新村校、建設生土農房和社區中心等。每個建設項目也都是請香港的大學生義工，讓他們在修橋的過程中，更深入的體會中國傳統文化和參與農民交往。

即使這是一項服務於基層的公益活動，不需要當地任何財政支持，但總免不了遇到一些例如地方上不允許修，或材料運不進去等難題。每次遇到這類問題，我就打電話下去，找市委書記、市長說一聲。然後市委書記就找縣鎮書記訓一頓，這是對老百姓有益的事情，必須支持。

1/ 鼓勵更多青年人通過無止橋實現自我成長，實踐以生命影響生命的信念。

2/ 仇部長（左）從紀小姐手上接過 2019 年港大無止橋暑期課程感謝狀。

1
—
2

29

可喜可賀的是，在多方努力下，由無止橋主導的一系列民生改善項目已使超過 70,000 人次受惠，並且部分項目更是獲得了專業機構和國際認可。例如由住房和城鄉建設部與香港無止橋慈善基金聯合推動的「2011年四川馬鞍橋村震後重建綜合示範項目」以及「2017 年甘肅省會寧縣馬岔村現代夯土農宅示範與推廣項目」皆獲得聯合國教科文組織授予的「亞太區文物古蹟保護獎」。這些項目通過改良傳統建造技術以滿足房屋安全與性能要求，不僅有效提昇村民居住生活品質，而且實現了經濟適用、生態環保且可持續的農村房屋建設模式。

藉此 15 周年之際，回首過去 15 年與無止橋的交往歷程。無止橋慈善基金會所主導的建設工作，有效增進了內地偏遠貧困地區民生福祉，也啟發了社會各界尊重、欣賞和保護地方文化、傳統和環境，提倡可持續理念的思考，更為香港和內地青年彼此了解、彼此溝通提供了橋樑。在此，也希望有更多的青年人通過無止橋實現自我成長，實踐以生命影響生命的信念。是為序。

仇保興

國際歐亞科學院院士、國家住建部前副部長

序 四

兩地心與心的合作模範

2007 年 4 月我代表國家建設部村鎮建設辦公室與無止橋慈善基金在香港中銀大廈簽訂了開展無止橋建設項目的合作協定，這是建設部（現住房和城鄉建設部）歷史上第一個與民間慈善基金簽訂的合作協議，至今也沒有第二個。簽訂協議意味着建設部不是口頭支持，而是參與者，也反映出建設部對無止橋慈善基金的充分信任。實現這一合作，紀文鳳小姐等香港人士的努力是主要的，而建

趙暉深深感謝無止橋項目的貢獻者。

設部這方主要應感謝時任副部長仇保興先生，我也是積極推進的具體負責人。15 年過去了，今天無止橋項目取得的豐碩成果和積極影響遠超出了當時我們的預想，已成為中央政府部門與香港民間組織合作的一個模

範，成為社會各界廣泛讚譽的明星項目。

國家新農村建設任務重、規模大，自上而下的政策和實施體系雖然力度大，但也有不完善之處。我們需要導入新鮮血液，導入先進理念，使國家新農村建設的政策體系和方法體系更充滿活力、更適應農村實際。我們需要探索更有效的自下而上的鄉村建設機制，我們需要更有創意的綠色建設理念，我們需要拓寬民間慈善基金進入的渠道，我們需要融合傳統與現代建造優點的新技術，我們需要更受貧困農民歡迎的既便宜又好的建造新方法，我們需要具有廣泛影響力的示範。這些都是對國家政策和方法體系的完善，也是我部與無止橋基金合作的深層目的。實際上無止橋基金 15 年辛勤努力所結下的豐碩成果，已大大超越了當初這些期待。

同時我部也想通過與無止橋基金的合作，展示開放進取的姿態及充分調動社會各種力量的姿態，並展示堅決支持兩地民眾心與心的溝通和青年教育的決心。

無止橋項目的卓越體現如下。一是先見性，很早就定位於扶貧。二是深刻性，不僅見物，更要見心，努力搭建兩地民眾心與心的橋樑。三是艱苦性，深入偏遠貧困區，吃苦耐勞。四是實踐性，與只捐款的其他慈善基金不同，每一項都親手建造。五是長期性，持續 15 年，一批人接着一批人幹。六是廣泛性，雖項目有限，但影響是全國的。七是貢獻性，無止橋項目的現代生土農房成為了國家扶貧五目標「兩不愁三保障」中住房安全有保障的一項有效的方法，我部多次在全國推廣。

無止橋項目獲得了世界人居獎、多次獲得聯合國科教文組織遺產保護獎以及其他國內外獎項，更是獲得了中央領導的肯定、各級政府的讚譽、專業人士的高度評價、農民羣眾的歡迎、中央媒體的宣傳。可以說

是人見人讚，留芳於世。

　　最後我要深深感謝無止橋項目的貢獻者，包括紀文鳳小姐等香港各界的推動者、穆鈞教授等專家、無止橋各屆董事成員及辦公團隊、香港捐款人士、兩地志願者、以及所有參與人士。

趙　暉

住房和城鄉建設部原總經濟師

序　五

橋無止　村復育　碳中和

　　回想約 10 年前，為無止橋慈善基金五周年著作《二十四橋明月夜》撰寫序言，分享良橋助學夢成真的感言。於此再執筆，恭賀基金成立 15 周年，感謝眾多來自中國內地與香港等地的義工，十多年來同心同行，環保搭橋，並因時因地制宜，多元發展，至今志願工作豈止遙鄉搭橋。

橋無止

　　因應近年疫情，儘管無止橋跨境同行的實體活動難免短期受限，我仍樂見無止橋義工的服務精神不止。例如在香港，我見無止橋隨勢應變，此時此地轉而加強義工隊的本地偏遠鄉郊活動，由增進認識遙鄉古村如荔枝窩，至參與復育深山淨土如慶春約梅子林。疫情中、逆境中，柳暗花明又一村。

　　去年底一個假日，我因公務，出席荔枝窩的鄉郊復育活動。主禮活

動完結後，我順道遠足回程，從荔枝窩向深山上坡約一公里，走經同屬慶春約的梅子林。抵半山小村梅子林，碰巧遇上曾玉安村代表正與一眾無止橋青年義工着手修村，真的有緣！有云：「緣於橋、繫於人、心無限、橋無止」。當天，竟在香港聯合國教科文組織世界地質公園內的深山遙村中，讓我有緣忽逢無止橋義工隊人員！縱使疫情所限，無阻其志願工作之心，因時制宜，在本地偏遠鄉郊弘揚無止橋服務精神，持續回應來自偏遠鄉村的呼喚！

村復育

當天，曾村長與眾義工正就地取材，復育偏遠鄉郊。例如，拾取鄉土中破瓦碎片，重鋪地台。既然都是有緣人，緣於橋，山中偶遇，我亦動手修村，將舊瓦片鑲地台。我參與其中，欣見此修村匠意，展現惜物再生，支持資源循環，彰顯環保以及傳承，正好是無止橋低碳綠建的初心之一。

在香港特區，我曾任環境局局長，數年前倡議新設「鄉郊保育辦公室」，旨於復育本地的偏遠鄉郊，支持其可持續發展。慶春約的荔枝窩及梅子林村，正好屬當下「鄉郊保育辦公室」推動復育偏遠鄉郊的重點地域。村民、義工團體及政府的同心協力，正是復育香港偏遠鄉郊的最好機緣。我喜見無止橋的義工參與其中，有緣同行，並肩支持在香港可復見芳草鮮美「桃花源」。此舉，亦配合粵港澳大灣區的生態文明建設，有云：「綠水青山，金山銀山。」

碳中和

今年，適逢香港特區成立 25 周年。向前看，應對氣候變化，邁向碳中和，正是搭往可持續發展的大橋。配合國家力爭 2030 年前碳達峰及 2060 年前實現碳中和，香港特區去年公布了《香港氣候行動藍圖 2050》，致力邁向 2050 年

前環境局局長黃錦星（左一）出席無止行活動。

前實現碳中和。而我解說低碳轉型的歷程時，時以攀山過河作比喻，以香港特區為例，2014 年已達到碳排放的峰值，當年港人平均碳排放量約為 6.2 公噸。近幾年已經越過峰頂，2020 年估算應已降至香港人均約 4.5 公噸，並按藍圖搭橋走往「清零」，邁向 2050 年前碳中和的清境！

我呼籲無止橋的朋友們，無論身在中國內地或香港特區，在日常工作或家常生活，請及早環保低碳轉型，好讓我們及我們的下一代可渡過此全球氣候危機。當然，我欣賞無止橋的項目，由設計渡河橋至夯土民房，都心繫環保低碳的生態文明建設。向前看，無止橋可擔當兩地低碳轉型的橋樑角色，更積極地連繫城鄉郊野的環保人心，同行支持碳中和，共同創建健康宜居的天與地！

黃錦星

香港特別行政區前環境局局長

感　言

感言一

Edward 呼籲兩地攜手，共建心橋。

　　15 年前，無止橋慈善基金在香港成立，及後更在中國內地註冊成為境外非政府組識。15 年來，基金會本着「建立香港和內地年輕人彼此溝通和信任，共同在貧困地區改善民生，達至可持續發展」的使命，組織和實施多個項目。承蒙國家住房和城鄉建設部、贊助機構和合作團體的支持，以及橋友、義工和年青人的參與，各項活動不斷創新，亦順利完成。

　　「無止的心橋」是無止橋慈善基金的願景，亦是我的願望。多元文化可有更大的創造力，更能推動可持續發展。香港和內地年青人文化的差異，突顯互補長短，相互了解和成長的契機。無止橋慈善基金 15 年以來，從不間斷堅持連繫兩地年青人。這段時間裏，內地發展甚快，兩地年青人參與的民生項目亦需與時俱進。無止橋由最初在偏遠山區設計及建設跨河行人橋，到近年的馬岔夯土住房建築示範項目、小窩鋪村溪芽環境教育中心改造項目、陝西藍田縣清峪村戲台活化項目、廣西都安縣琴棋村村民食堂項目等，均體現基金會的項目應內地百姓的需要而同步調整的

特性。

我在 2019 年正式加入無止橋慈善基金這個大家庭，一個為中港兩地青年建立心橋的機構。無止橋的名字，對我來說一點也不陌生。早在無止橋成立初期，我在工程顧問公司工作的一些同事，已經有參與無止橋內地建橋的項目，亦見無止橋在大學校園做宣傳。而無止橋過去出版過的幾本書，在一般書局也可看到。直至加入無止橋慈善基金管理委員會之後，發現無止橋的內地項目不單止有建橋，更有多個環保、文化和民生有關的建築和設施項目。在項目及活動中，年青人通過體驗式學習（Experiential Learning），加深認知兩地文化和知識，強化團隊合作及人際溝通的水平，更以成果導向為主，在民生建設項目中體會如何由概念轉化為成果的過程和方法。

當前，中國內地和香港的發展已是相互連繫，我們既面臨着兩地合作和發展的機遇，也要應對文化差異的特色。讓兩地攜起手來，抓住機遇，迎接未來，同心同德，共建心橋。

陳志榮博士工程師（Ir Dr Edward Chan）

無止橋慈善基金副主席

感言二

Esther（右一）的家庭是橋及課室的聯合贊助人。

　　這一切得追溯至 2011 年，當時我的好友陳妍妮問我，是否有興趣加入無止橋這一間特別的非牟利組織；因為對機構的名字以及對創始人紀文鳳小姐的好感，我立即就答應了邀請。

　　加入後的一星期，我與上兩任行政總幹事周嘉旺見面，她誠實可靠的奉獻精神，以及對工作的熱情啟發了我。像我這種兩女之母，立刻對她透過以建立中港兩地學生文化交流，從而回饋社會的善行生起共鳴。作為一個自學的設計師，建橋實在是我深感興趣的範疇，我實在很想鑽研更多呢！

　　由加入無止橋那一年起，我在大大小小的活動例如無止行、新聞發佈會和學生工作坊等當上活動司儀。至 2014 年，當時無止橋在西安的三岔村有個建橋項目，我的家庭決定成為橋及課室的聯合贊助人。我先生和我領着兩個女兒，出席橋和課室的牌匾開幕儀式。這次經驗實在極之難忘，也令我們眼界大開，特別是對我兩個女兒而言，她們與當地的弱勢

社羣碰面、接觸，贈送他們書本和文具，感受着他們的喜悅……

在無止橋當義工、公關顧問及贊助人六年後，於 2020 年，紀小姐邀請我當基金會的聯合副主席，我對此深感榮幸，最終謙虛地接受了這個邀請。我認為，我擁有的公關技巧、人際網絡，均能夠為在主席沈祖堯教授帶領下持續發展的無止橋作出更多的貢獻。此外，我也很喜歡和由前任行政總幹事梁卓然帶領的團隊共事，享受與梁卓然及鄧淑貞共同探討籌款及市場推廣工作點子的時光，真有大家庭的感覺呢。

兩年過去了，期間我目睹着委員們之間緊密的聯繫，從企業得到令人鼓舞的贊助，以及香港各間大學的鼎力支持。無止橋與香港其他眾多的慈善組織的確不一樣。我對紀小姐透過教育和建築，讓中港兩地學生溝通起來的長遠目光實在感到佩服。這是一個能讓兩地學生合力移山，並建立起心橋的慈善組織。我同時為不少服務孩子和婦女的慈善組織做事，但無止橋是最能夠走進我和我女兒心的一間。

有一天，我們定會回到三岔村，在我們贊助的橋上步行，與 2014 年時見過面的小孩和村民，用力的擁抱。

Esther（上排左一）與家人於 2014 年贊助無止橋慈善基金建橋。圖為 Esther 一家攝影於甘肅天水三岔村。

馬天惠（Esther Ma）
無止橋慈善基金副主席

感言三

我深愛農村的天、地、人

　　農村的天與地，人與事，吸引在城市石屎森林長大的我。在中學時期，我有機會隨隊初次走進廣西偏遠山區探望當地孤兒，為他們籌備上學學費。就是這一行，深深讓我體會到自己擁有的一切都不是必然的，給了我不一樣的思考。其後我投身參與內地農村社區發展工作，駐點內蒙古和河北。這樣一來，就在華北農村待了 10 年，見證着中國的快速發展及農民生活環境條件的提升，實在很感恩自己曾有駐點農村的經歷，帶給我很多的回憶和學習。

　　起初我以為是去幫人，原來幫人的過程中，最能夠看到真正的自己和長短，特別在我不熟悉的農村裏，經過多少次的跌跌碰碰，體會到換位思考、同理心、觀察分析和平等溝通的重要性。回港後有幸加入無止橋慈善基金，初心是希望更多香港青年人能夠有平台參與內地農村服務的工作，體驗不一樣的天與地，在實踐服務後會有不一樣的人生觀。有幸，這幾年我見證着無止橋每屆學生和社會義工從農村回來後，人生或多或

少都增添了不一樣的天與地。

在 10 年前國家提出精準扶貧戰略，扶貧的決心和力度大，對世界減貧貢獻率超過 70%，提前 10 年實現聯合國 2030 年可持續發展議程減貧目標。無止橋有幸能夠參與其中，在國家住房和城鄉建設部的支持下，積極鼓勵兩地青年人到偏遠山區及農村助力國家扶貧工作，貢獻了基金自己的綿薄之力，學生和社會義工團隊踏遍八個省份、近 60 個村莊，每個偏遠山區農村背後都充滿人情味和積極向上的感人故事。在農村裏，大自然土地上的一草一木、每個角落和擺設都有其背後的原意、習俗和故事。每個地方的氣候、村民的生活習慣及社區的演變都是息息相關的。學生義工用心聆聽村民的故事，洞察村裏的一景一物，因地制宜地設計及建造出符合村民需求的建築和生活環境。

15 年的無止公益路上，配合國家的建設新農村路路通政策，無止橋學生團隊在山區搭建人行便橋，解決出行不便難題，連接兩岸居民，減少了兒童因交通不便而輟學。一次我和學生團隊在雲南六主村回訪項目時看到老婆婆過橋，過橋後她面上的那道微笑，至今記憶猶新，轉告我們這道橋帶給村民前行的希望。某年 10 月我和同事在甘肅馬岔村進行評估，黃昏時段天色已黑，天冷並開始下雪，幾名在村的老人到訪問候。在交流中，早期無止橋學生為他們安裝的太陽能路燈，他們讚不絕口，解決了他們晚上路黑出行的不便，有了環保路燈，村裏的小孩、婦女和老人都得到安全。翌日早上，我到他們家拜訪，看見他們新建的住房，是無止橋以夯土建築技術就地取材建築理念培養的本地工匠師傅建的，夯土建造的房子有冬暖夏涼的特性，怪不得他們都讚好，不用燒煤取暖，屋內都能夠舒服喝茶聊天，沒有凍冰冰打冷震的感覺。

今年五一勞動節，我聽到中央電視台就甘肅省毛寺村脫貧攻堅和鄉村振興做了特別報道，提到無止橋是毛寺村發展的起點，並展示了用生土技術建造的村小學。現在村的發展已經是翻天覆地，遊客眾多，村民生活也富起來，有幸見證 15 年前，無止橋學生義工種下的艱辛勞動，終於開花結果。

記得有一年辦公室收到一個農村計劃書，打算在一個荒廢用地重建一個社區公共廣場，便於村民組織秧歌隊和廣場舞活動，這是村民的訴求。對我作為一個香港仔來說，經費一分一毫需要謹慎使用，改善村民生活和經濟條件當然是最優先考慮，想也想不到村民需要的是組織秧歌隊跳廣場舞，與改善民生有何關係？我心急下極力告訴團隊我對計劃書的不認同，但靜心過後再聆聽村民和團隊的方案，才恍然大悟，村民要的是社區互動互助，村民有了凝聚力，就能夠同心解決社區大大小小的議題。

今天，我看到村民在廣場上相聚跳舞，婦女領袖有活力，社區能人有想頭，在廣場上大家相聚討論村裏每天發生的人與事，要去幫誰家的老人，誰要照顧他家小孩，或是在村子裏哪個位置修建公共設施等，彼此關愛和共建。有了彼此互動的平台，很多的社區問題就可以逐步得到回應，這不就是我們最想看到社區主導的發展和參與嗎？

最近幾年我和學生團隊走進農村，眼見千年古村和傳統文化因城市化發展進程而逼於遷拆或失傳。學生對村民講古樹、石牆、土屋、皮影

戲、秦腔，甚至中醫、臘八粥、灌灌茶等故事都聽出耳油，每次聽到學生的調研發現和人氣打卡照片的分享，我知道這些村莊文化遺產繼續有人講、有人愛、有人學。

梁卓然
無止橋慈善基金前行政總幹事

1/ 梁卓然帶學生回訪六主村與村民交流。

2/ 梁卓然參與雲南美樂村民生活動,建造焚
化爐。

3/ 梁卓然與香港大學學生服務馬岔村。

4/ 老婆婆過橋後露出微笑,至今記憶猶新。

5/ 梁卓然身體力行參與義工服務。

1	2	3
4	5	

天

第一章

「无止桥」顺利竣工

無止橋團隊於內地農村搭建有形的便橋和無形的心橋，不僅解決交通問題，居民不再擔憂汛期，還交織着村民、大學生、義工等無數人的夢想及願望。

從第一道橋開始，無止橋即開展一系列有生態意義的公益行動，項目充分尊重當地傳統智慧，也讓村民傳承下去。既弘揚傳統建築智慧和文化，也促進偏遠農村建設的可持續發展，與天地自然生態環環相扣，展現天人合一的和諧。

除了展示建橋的成果，也希望透過書中的真摯分享，反思城市生活，鼓勵大家追尋夢想，亦鼓勵更多大學生、義工及有心人親赴內地貧困山區，參與建橋和體驗農村的生活，藉此建立關懷、愛心及友誼的心靈橋樑。

01　建橋助人如畫龍點睛

　　2004 年 8 月 25 日的報章專題「窮村河水氾濫 獨木橋岌岌可危」、「港師生建橋助內地貧童上學」，主要報道一羣香港中文和理工大學學生正計劃構思 2005 年暑假在甘肅慶陽市毛寺村建造一條近百米的便橋。我從事監管建築行業尤以巨型土木公程安全經驗多年，頓覺有需要出手義助這班青年人完成這項別有意義的創舉，故此即時聯絡上報章上提到的理工大學曾麗佩（Polly）同學。

　　就這樣結緣了毛寺村建橋項目，同時全力促成項目推行，包括張羅正在從事青山公路小欖擴闊路橋網箱工程的朋友，提供一個網箱供義工團隊同學作研習之用。包括帶進了佳明建築公司董事歐陽耀偉先生，及其後的陳孔明先生的大力支持，鑽威工程有限公司的費先生即時提供大電鑽給 Max Lee 作前期橋點河牀錨定探土之用，跟着隨後的某一天，在又一城的咖啡座促成團隊決定使用我提議的無止橋這名字。如此，這樣，龍一般的橋像點了睛，建橋項目活躍如龍，短短 10 年中港學生和義工們一條龍的服務，建造了數十條無止橋。

　　2005 年暑期的建橋，多得 TVB 記者張慧敏全程輯錄七日建橋盛況，繼而在《新聞透視》上播出，引起社會人士廣泛關注。隨着 2007 年紀文

1/ 2005 年夏，無止橋第一條人行便橋在甘肅毛寺村建成，村民可以安心過河務農、上學等，大大改善日常生活。

2/ 2010 年，何先生在雲南省跑馬坪鄉帶領來自不同地方的學生團隊建造無止網箱橋。

1 | 2

鳳小姐等人牽頭帶動了無止橋慈善基金之成立。及後，基金會平均每年都有三至四個項目落成，每一個建橋項目的落成，也是標誌着民生項目的落成，身為當時項目委員會主席的我和委員都不時作出檢討和完善。事關完美非小事，每一小事都是會促成完美，《網箱橋建造手冊》於 2015 年順利出刊，也給了網箱橋帶來一個完美附加值。

2011 年，甘肅柳灘村網箱橋薹的沖毀，促使我們更必須研發一條適應性更高和更安全的行人便橋，幸得技術水平較高的同濟大學無止橋學生團隊加入協助，於是催生了「無止貝雷行人便橋」的誕生和其後專利的申請，2020 年《無止貝雷橋建造手冊》順利出版以及相關技術成功獲取國家專利等等，前後有了 52 座橋的誕生。

感　恩

15 年來，參與無止橋的大學團隊在內地有 11 所、香港則有 7 所。基金會每年批出建橋的項目，平均有兩至三個。各所大學各擁有其專長和特色，而我們團隊多年來積聚了一套靈巧管理哲學，不會過度依重某一大學團隊，項目資深導師和觀察員適時會為項目團隊作出評估和檢討，多年來各大學團隊能夠和睦相處，實有賴委員們的悉心調教，在這裏不能不提李有威先生和李國良先生所付出的心思。各團隊的合作無間也促成日後中港兩地大學團員彼此友誼，更譜出多段美滿的姻緣。

這 15 年來項目委員會慶幸擁有幾位熱心過人的資深優良導師，包括：李有威、李國良、李耀華、Michael Sir、Polly Tsang 和李德偉先生，他們除了學識和技術了得外，還擁有豐富人生歷練。他們奉獻了自己工餘時間為基金會這塊細小的田地作出深耕行為，定期施肥除雜草，又培育後輩，如曾祥俊、張振宇和黃宗盛幾位進入項目委員會幫手，為基金會薪火相傳。

成　果

過去 15 年，我有幸在無止橋慈善基金執行項目管理和指導，完成了 60 個項目，其中構建了 52 座鄉村小橋。我更有機會涉足國內遍遠山區，到訪了其中 56 個少數民族其中的 13 個，也有機會接觸 18 間香港和內地著名學府志願學生團隊，教導技術和管理學問，特別是人生、團隊和項目的管理，教導同學做事要有工匠精神，追求完美。個人不要事事計較，和

別人比較，也教導青年人為自己處事和人生作出安全管理，包涵準備、裝備和後備這三方面元素。美好人生須俱有「三備」方案，方能萬全。這些全是與教育和心理學有關，更勸勉同學努力學習和貢獻，活出不平凡的人生，給自己留下日後一個美好的回憶。

1/ 何祝崑多年的貢獻打動了眾多專業人士相繼加入。圖為項目資深導師 2016 年在貴州威寧縣謝家村橋點留影（右起：何祝崑、葉慈恩、李有威、李德偉及李國良）。

2/ 何祝崑先生（左五）、紀文鳳小姐（右五）及一眾無止橋管理委員會成員和支持好友參與無止橋成立 15 周年的紀念活動；圖攝於 2021 年 11 月 11 日中環街市無止橋展覽活動。

3/ 無止橋項目委員會與學生團隊通過多年的共同研發及實踐，完成各樣技術的建造手冊。圖為《網箱橋建造手冊》和《無止貝雷橋建造手冊》。

1	2
3	

何祝崑

何祝崑退休前為香港特別行政區政府勞工處的職業安全主任（1974~2007）。何先生是註冊安全審核員及安全主任、英國 IOSH 會員及加拿大安全工程協會會員，擔任無止橋資深導師多年，帶領學生研發和開展修建人行便橋項目。

02 見證多年心橋和人橋

2009 年，我以學生志願者身份參與無止橋的項目。當時我感覺這機構不單只止幫助中國內地山區的村民修建過河便橋，更是由內地及香港及，以至國外的學生一起合力完成，非常有意義，此後每年我均有參與無止橋建橋的活動。

2013 年，我被邀請加入無止橋當項目委員。我負責帶領的第一個項目，就是在重慶青靈村修建一條約 40 多米長的網箱橋，參與的團隊是重慶大學、香港大學及美國史丹福大學。雖然在項目施工和設計上遇到不少問題，但同學們再辛苦也依然願意承擔，並齊心合力去解決問題。項目最終吸引《重慶晚報》來村裏採訪，還稱呼這條橋叫「重慶第一橋」。

自此理解到，無止橋不單只是做慈善，它還是一個教育機構。我也會用鼓勵和包容的心態去帶領同學，例如是提醒他們調研工作必須貼地，要有「想他們所想，急他們所急」的心態。村民每天冒生命危險來過河，我們必須要盡心盡力，盡快把項目完成，避免他們有多一天過河的危險。

1/ 《重慶晚報》到村採訪我們，還稱呼這條橋叫「重慶第一橋」。

2/ 重慶青靈村建橋項目成員在項目竣工後，彼此無比的興奮滿足。

3/ 同濟大學張振宇同學（中）在分享會上感動流下男兒淚。

4/ 清華大學陳致佳同學（右）和我在雲南河下組項目合照。

5/ 管理委員會何祝崑先生（左）和我在重慶青靈村項目工作過段留影拍。

<table>
<tr><td></td><td>1</td><td>3</td><td>4</td></tr>
<tr><td></td><td>2</td><td></td><td></td></tr>
</table>

最難忘的時光

　　基金會每年在香港舉辦年會，邀請內地及香港不同高校的無止橋團隊來交流，過程中也有不少熱淚盈眶的情景，令我印象非常深刻。某年年會，頒發最優秀橋樑項目亞軍，得獎的是同濟大學無止橋團隊，同學們興高采烈地上前接過獎項。及至第二年的年會頒獎典禮上，他們終獲得橋樑組項目冠軍，上台領獎的張振宇同學感動得流下男兒淚，當時我也深有同感，認同同濟團隊在過去幾年面對很大的壓力，但是他們很積極去解決，得到獎項也是實至名歸。

　　無止橋不單是一個慈善機構，亦是一個教育機構，在項目操作中致力推動這份理念，就如管理委員會何祝崑先生教導學生的「三教」要訣：不要計較、要聽教和要受教，因此我也用這三教去帶領不同的團體和同學。

其中最令我感動的同學是清華大學土木工程系的陳致佳同學，他問我：「威哥，點解你做義工多年都沒有停？」我回答是因為做義工服務很有意義，亦能幫到有需要的村民。致佳他想在本科畢業後到雲南做義教工作，還在他的家鄉籌款，希望為雲南農村建一條貝雷橋來方便村民過河。完成兩年義教後，他回到清華繼續研究生課程，並再次加入清華無止橋團隊，我們兩兄弟還在雲南河下組再次合作，完成了一座貝雷橋。認識到致佳，是我的光榮。

我認為人橋比心橋容易築得多，因為人橋最快只需要一年左右的時間便完成，而心橋則需要用誠心和時間日積月累而成。和不同團隊築起心橋不是一朝一夕的事，而是大家願意付出才能築起來。每當我到內地帶團隊去調研時，得悉一些已經畢業的無止橋舊同學為了我請假而來，着實感到不好意思，但又非常感動，使我倍加珍惜彼此見面的機會。

這兩年疫情期間，不少心橋好友即使身在外地，也會送來關心問候，有些更從遠方寄來防疫物資給我，心裏感覺這是無價的，而且更是是雪中送炭。這些心橋朋友送來的溫暖給予我無限的支持，希望我們的心橋永永遠遠的維繫着，令我繼續支持無止橋團隊，去幫助更多更多有需要的村民。

緣繫心橋 —— 雲南河上河下吾
吉後項目義工團隊。

李有威

李有威（Matthew）是英國特許測量師，也是香港房屋經理及香港價值管理
學會會員。多年來參與無止橋慈善基金活動，擔任學生團隊的資深導師，深
得同學們的愛戴，大家都叫他威哥。2013 年擔任無止橋項目委員會成員，
2020 年擔任無止橋項目委員會主席。

03 無止情感如醇厚老酒

彈指之間，無止橋已成立 15 年，而我加入無止橋也 8 年有餘，當初加入無止橋的情景仍然歷歷在目。那是大四畢業後的暑假，一個人在三伏天裏百無聊賴躺在牀上等待時間的流逝，突然收到室友發來的消息：「10 月有事不？要不要去修橋？」我毫不猶豫地回答：「好啊！」就這樣加入了同濟大學無止橋團隊。後來同濟無止橋團隊面向學校正式招生的時候，報名人數與入選人數之比達到了 10 比 1，我就暗自慶幸自己趕早上了車，不然我與無止橋可能就無緣了。

寒冬傳溫暖

2015 年 1 月，我參與了我的第一個無止橋項目 —— 重慶溪口無止橋項目，這也是我印象最深刻的一個項目；因為在這裏，我切身體會到了修橋的意義。從重慶下飛機後坐了六個小時的小巴，終於到了我們要修橋的村落 —— 溪口村。溪口村坐落於山坳裏，被一條溪流分割成兩半，溪流上沒有橋，過河僅靠河中的幾塊大石頭。下車後，我被安排到河對岸的農家裏住宿。我背着登山包，拿着睡袋小心翼翼地踩着石頭過河，走到河

中央的時候腳下打滑，雙腳直接踩到河裏，冰涼的河水瞬間灌滿了鞋子，我就這樣在寒冬裏踏着河水過了河。後來修橋期間，我始終對這條小河充滿恐懼。直到橋架橫跨河上，我再也不用踩着石頭過河，再也不擔心掉到水裏，這種恐懼才逐漸消退。

重慶的冬天總是陰雨不斷，連綿的冬雨滯後了施工工期。在雨停間隙，志願者們加快速度趕工期，周圍的村民也趕來幫忙。於是就出現了寒冬裏最溫暖的一幕：志願者與村民排成兩排，志願者在水中，村民在岸上，交替將遠處的石頭傳遞到橋墩處。在志願者與村民的共同努力下，橋樑順利按期完工。

寒冬裏最溫暖的一幕：無止橋志願者與溪口村民共同努力完成築橋。

研發貝雷橋

重慶溪口無止橋項目結束後，同濟無止橋團隊馬不停蹄，繼續在附近村鎮尋找潛在橋點，最終在重慶麻池村找到了建橋需求。麻池村橋點坐落在一條狹窄而湍急的溪流上，急需因地制宜設計一座適合當地環境的橋樑，而這個重任交到了彼時任同濟無止橋社團社長的我的手裏。我召集隊員討論橋樑方案，最終貝雷橋因為現場施工方便且加工技術成熟，從眾多方案中脫穎而出。確定橋型後，接下來就是對傳統的貝雷橋進行輕型化設計，以適應無止橋的「人行」特徵。

就讀橋樑專業的我，第一次真正從事橋樑設計工作。夜以繼日、盡心盡力、羣策羣力，這三個四字真言大概最能形容那段時光。功夫不負有心人，輕型人行貝雷橋成功應用在麻池無止橋項目。在麻池無止橋的基礎上，輕型貝雷橋在後續的項目中不斷改進和完善，並最終形成現在版本的無止貝雷橋。再後來，受無止橋慈善基金之托，我帶領同濟無止橋團隊，在基金會項目委員會的指導下編寫出《無止貝雷橋建造手冊》，希望能為未來參與貝雷橋施工的志願者們提供幫助。

如今，我的角色轉為無止橋慈善基金項目委員會委員，繼續用我的專業和經驗，為無止橋項目的推進盡一份綿薄之力。一步步走來，無止橋見證了我的成長，我也見證了一座座無止橋的落成。我對無止橋的感情如一壇老酒，隨着時間的推移而日漸醇厚。

張振宇

2015~2016 年同濟大學無止橋社團社長，曾參與重慶彭水縣保家鎮溪口村無止橋、重慶彭水縣麻池村無止橋、重慶白石鄉鳳山村無止橋、雲南文山州六主村無止橋的設計和建造，主持《無止貝雷橋建造手冊》的編寫工作，2019年至今擔任無止橋基金項目委員會委員。

04 旅程中遇見首個星光

　　七年前，當我還是名高中生，就懵懵懂懂地參加了無止橋重慶星光村項目，當時參加項目也並非我主動報名。我的中學是其中一間被九龍倉集團贊助的公立學校，而恰巧九龍倉也贊助了無止橋，希望能在學校中選幾名學生參加無止橋的項目，鼓勵他們為社會、為世界作出貢獻。而我作為當時學校的風雲人物，毋容置疑地被選進了候選名單，從小在農村長大的我，也不抗拒參加這個活動。但參加了第一次的簡介講座，聽到廁所環境惡劣，不能洗澡等情況，不禁有些後悔，心裏打退堂鼓；但早已答應老師和學校，不好意思申請退出便厚着臉皮繼續參加了，也幸虧當初臉皮薄，不然我的人生也未必是現在這樣子。

體會人生百味

　　我在星光村中，認識了來自五湖四海的大學生和社會人士，大家各司其職，就是為了讓一條鄉村「玉帶橋」成功誕生。當時只需要早起洗廁所和燒開水的我，不擅於與他人交談，默默地坐在學校走廊觀察着忙碌的志願者。我看到了早上的汗水，黃昏的疲倦，晚上的笑容以及竣工的淚

水，不自覺地愈來愈能做好自己的職責，被何先生讚美了幾句：「廁所洗得挺乾淨的。」其他小夥伴們也開玩笑地說：「努力讀書進大學，加入無止橋團隊，專門負責洗廁所。」上到大學後，我如願以償，進入了香港科技大學無止橋團隊，也從一名參與者變成了領導者。參與整個廣西樂業的建橋項目，過程中嘗遍了人生百味，最終也為村民建造了焚化爐和無止貝雷橋。

　　除了實實在在的貝雷橋，與不同人搭建的心橋也是很大的收穫。在項目中接觸過的大學多不勝數。我微信好友不多，但有三分之一都是橋友，雖然項目後各散東西，但看着大家的朋友圈，了解大家生活的點點滴滴，點讚之後還留個言，此情不為歲月而消磨，卻歷久而彌堅。

　　各司其職，全力以赴，就是我在無止橋每一次項目中都體會到的東西。在每一次項目中，後勤、民生、橋樑等都有大量的工作，總有一些工作是很多人都想去做的，有一些是比較少人想做的；但大家並沒有搶工作來做，而是服從各小組組長的安排，把自己的崗位做好，明白了解自己應該要幹甚麼，完成了才看自己還能多做些甚麼。再高的樓也是由一塊塊磚砌成，再強大的集體也是由一個個成員組成的，無止橋是由每一位曾在村裏揮灑汗水的人組成的。

楊佐彬
原香港科技大學無止橋團隊成員，活躍於無止橋五年的在職助理工程師。七年前以中學生志願者的身份參加無止橋重慶彭水縣星光村的建橋項目，負責後勤工作；五年前，加入香港科技大學無止橋團隊，參加廣西百色市樂業縣中停村的建橋項目。工餘有空就會參加香港無止橋義工活動。橋有盡，心無止。

1/ 七年前，我以中學生身份參與無止橋星光村的建橋項目，負責後勤工作。

2/ 我與香港科技大學無止橋團隊的同學在中停村的建橋項目前留影。

3/ 無止橋團隊成員一起見證與慶祝中停村無止貝雷橋順利完工。

4/ 除了無止貝雷橋，我們同時為中停村村民建造了焚化爐。

5/ 無止橋團隊志願者在中停村一起搬運施工物資。

1	2
3	4
	5

05 我在無止橋的日子

　　我在中大無止橋團隊中先後有兩個角色：團員及統籌，籌劃不同團隊內及跨團隊的活動，作為主體項目的前期準備，如民生項目中的扎染。於個別項目中，例如調研及回訪，則主力於測量、記錄及繪圖的工作。我在各項目中認識到來自不同院校的同學，從前期的資訊交流，到埗後一起走訪村落，收集資料及討論，到最後一起實踐計劃，過程中發揮各人的優勢及長處，互相學習。而工作以外，如用餐及交通的時間則天南地北地聊，兩地文化、就學時的經歷、志向等。項目結束後亦可於無止橋在港舉辦的交流會上再聚。

經一事長一智

　　2019 年春季，中大團隊成員回訪前輩們兩年前參與位於雲南的六主村項目。我的觀察是，經過兩年時間，貝雷橋有些許落漆的痕跡，但仍舊是安全穩固的過河點，自建成以來，橋便成村民每天往返農地及自家的必經之路。但對小孩而言，橋的設計依然有潛在安全問題，橋板格網相對小孩腳大，橋邊圍欄相對過高，家長都習慣背着或抱着兒女過河。此觀察可

應用於日後的橋樑結構以外的設計，例如部分橋板為完整鋼板及加密圍欄條密度，對有不同需要的村民更加友善。

我們亦注意到民生項目中的對象，未有持續地使用無止橋團隊為其修繕的家居，主因是地方政府於兩年間，大規模地為村民加建居住用房屋，而舊居則成飼養動物的空間。考慮到團體當年投放的資源，如於香港採購的物料需遠程運輸，以及人力資源，包括橋友先於香港進行基礎工程訓練，又千里迢迢進村。反思到未來的項目在前期調研時，要先了解當地政府的扶貧工作，以避免重複的資源分配。該次回訪有別以往接觸的文字及影片紀錄，是活生生的體驗項目於村落的影響，故印象深刻，亦成為日後我有幸參與策劃的項目的主要參考對象。

真心可貴的友誼

我有吃素的習慣，在出差農村項目點安排用餐時會遇到少許不方便。負責張羅飲食安排的內地團隊皆非常貼心，於城市內餐廳用膳均有素食菜式。剛巧我曾參與的項目地區的飲食習慣，肉類及非肉類比例均衡，進村後村民為團隊烹煮的菜式皆色香味俱全，且營養豐富。後勤團隊體貼地於每餐提供一個無肉類的餸菜，個別給我分配雙倍或挑走其他餸裏的肉，生怕我吃不飽。這些經歷令我暖心，充分感受到橋友間的關心。

鐘謙聆

鐘謙聆（阿 Ling）畢業於香港中文大學，2017 年加入成為中大無止橋團隊的成員，2018 年成為團隊統籌，2018~2019 年間曾參與雲南黎光村和美樂村建橋項目，也參與雲南六主村（2017 年項目）的回訪村民活動。她在一次訪問中，提到「每個項目都有困難和氣餒的時候，可能是村民和學生對期望的不同，或是一些突發事情發生或溝通不足等，都會影響項目的進展，最重要的是莫忘初衷，這種推動力會讓我想出更適合大家的方案。」

1　2　3
4　5

1/ 團隊都體貼地照顧到我素食習慣需要。

2/ 探訪當地村民，了解村民與小朋友的需要。

3/ 2018 年成為中大無止橋團隊的統籌，負責前期準備與測量、記錄及繪圖等工作。

4/ 團隊回訪項目村莊，與村民交流了解橋樑與其他民生項目的使用情況和問題。

5/ 回訪過程中，團隊亦要檢查貝雷橋的損耗，以及潛在的安全問題。

06 激動的開始
圓滿的結束

　　接觸無止橋的時候，我沒想到活動橫跨整個大學生活，擔任不同的崗位，每一個活動和項目都令我印象深刻。對於我們這些已踏入社會工作的「老隊員」而言，刻下疫情的挑戰，工作的忙碌，生活的枯燥，心中不時懷緬在無止橋的點點滴滴。

　　記得第一次參與無止橋的項目是「甘肅馬岔 II」，我作為香港先遣部隊的成員，協助準備物資和整理場地，迎接大部隊的到來。經驗尚淺的我到處碰壁，無論團隊成員或無止橋同事都十分擔心我的安全，怕我未能適應當地的生活。慶幸當時內地大學團隊經驗豐富，協助我融入，也令我加深了解項目的內容。剛成年的我，對所有事情都感到十分興趣，仍然像一個小孩，即使是一些重複性的工作，我亦做得不亦樂乎。

2015 年，我首次參與無止橋項目，在甘肅馬岔協助準備物資和整理場地。

鳳山村項目是恒生大學無止橋團隊首個包辦的項目，團隊都非常落力與用心。

項目期間團隊不同地區成員除了一起工作，也有互相交流，加深了解。

1	2
3	

團隊合作

第二次參與無止橋的建設活動是重慶鳳山村項目，無論心情，或是在團隊的角色都截然不同。這是團隊第一個由初始階段接手的項目，所以我們都十分重視。對比上次，團隊每一個人都更落力準備。即使我們完全沒有相關知識，靠着不同大學團隊之間的合作，各方面的支援，各人的盡責承擔，項目出色完成。這令我感到無比震撼和自豪，大家義無反顧的信任促成是次項目的成功。

第三次是參與雲南麗江項目。這次我是一個參與者，沒有準備項目的壓力，令我更加享受協助建設橋樑和參與民生項目的樂趣。對比上兩次的項目，這次能夠參與更多的搬石頭和橋架建設工作。簡單的一粒螺絲、一支士巴拿，憑着幾十個人的努力、數天的工作，成就了一道橋樑的誕生，以及一生的友誼。

領略人生

適逢無止橋踏入 15 周年，農村急速發展，城鎮化步伐加快，在制定建造人行便橋項目和民生項目愈見困難。師弟妹可多從小事入手，多以村民的角度製定項目，例如簡單如換一個燈泡，已可大大改善村民的生活。在參與無止橋活動的過程中，團隊或會委派你參與一些你不在行或未感興趣的項目，然而不同工作也能達至居民受惠的目的，自己也會有所得着。畢竟無止橋成立的其中的一個目的，是讓村民和同學建立心橋，多與不同的人交流，多參與不同的活動，也就更了解自己，更容易和找到未

來發展的方向（包括事業，甚至愛情）！參與無止橋的四年間說長不長，說短不短，但對於我來說，無止橋是我心目中一段重要的回憶，經歷的每一件事令我更懂珍惜每位支持我、協助我的人，在此衷心感謝每一位橋友的支持。

關智鍵

關智鍵（Edmund Kwan）是無止橋的老橋友成員，畢業於香港恒生大學。2014 年加入無止橋團隊，2015 年首次出差參與甘肅馬岔民生改善項目，2016~2017 年擔任恒生大學無止橋團隊的統籌，帶隊重慶和雲南山區搭建便橋和實施民生改善項目，2018 年後以老隊員身份培養新隊員，協助師弟妹參與項目。在一次訪問中，Edmund 提到：「無止橋對我影響最大的地方，是令我保持一個謙卑和感恩的心。」

1/ 無止橋團隊的學生亦透過服務學習計劃，一邊學習，一邊為村民提供民生項目支援。

2/ 恒生大學無止橋團隊慶祝在麗江黎光村的便橋順利完工。

3/ 2018 年，無止橋團隊成員在麗江黎光村為村民架設橋樑。

07 大學生活變得多彩繽紛

　　認識無止橋始於大學第一年，當時我希望參與一些義工活動，便了解認識到大學裏的無止橋團隊。轉眼間，在無止橋的陪同下，就這樣度過了大學的四年時光。

　　無止橋與其他公益組織不同，學生可以參與建橋。剛好，加入無止橋團隊後的幾個月便有一個建橋項目，就是到重慶市鳳山村參與建橋的主體施工活動。隨後我也有機會參與雲南的河上河下建橋，以及民生改善設施活動，當中有很多深刻的回憶和得着。我是一個很喜歡與其他人溝通的人，記得有一次與一位村民聊天，他說我們建橋之前，有個晚上下了大暴雨，河邊沒有路燈，漆黑一片，有個村民因路滑不小心掉進河裏身亡。我感到十分心酸難過，心想如果我們能夠早點過來建橋，便可以避免事情的發生。

簡單就是快樂

　　有一次，我在鳳山村項目中負責在學校裏舉辦兒童活動，當我與團隊在香港準備活動設計時，會經常考慮活動是否吸引孩子，直到抵達村

莊，才發現我們的顧慮有點多餘。村裏的孩子特別童真、簡單，小小的擁抱問候就可以令他們很開心。雖然他們的生活環境和條件沒有城市裏的發達舒適，但他們比城市的人更加開心。

而無止橋活動與我過往參加的義工服務有些不同，無止橋注重幫助別人的同時，也特別注重義工成員個人的成長，兩者取得很好的平衡，亦讓我從中學習不少。在活動中與其他大學團隊的老師和學生、村民和社會義工等合作，多聽他們的故事分享，認識到新的方法和觀點，對我的成長挺有幫助。我們與村民一起生活，而農村的生活環境條件與香港很不一樣，眼界就此得以拓闊。

難得的同行經驗

如要用一詞語去形容無止橋，我認為是「同行」。除了自己個人的成長之餘，當中有機會認識到不少志同道合的朋友，例如有跟我一樣都是由大學一年生參加，到現在已是第四年的；亦有些來自自己就讀的學校，有些則是來自其他大學的橋友。多年來我們仍然是好朋友，共同繼續奮鬥。

無止橋的活動不是一次性的，不是有人舉辦我們就報名，而是我們可參與其中，由零開始合作，直到項目竣工及回訪。當中與一班有同樣目標和價值觀的同學和老師一起經歷，建立友誼，這實在很有意義，為大學生活塗上豐富充實的色彩。我認為，這就是我在無止橋所經歷的「同行」。

無論你參與哪個組織的義工服務，我都鼓勵你要放鬆自己的心情，充分享受義工服務的過程，並多抽一些時間與身邊的人分享和請教。建橋的人一般忙於橋點的工作，大家不妨在完成工作後，多參與其他橋點的

民生互動，與村民聊聊天，讓他們知道大家對他們的關心，這樣肯定會有
更多收穫。

羅貴楠

羅貴楠（Hugo Law）畢業於香港恒生大學商學院，2018~2019 年擔任香港
恒生大學無止橋團隊統籌。從 2017 年參與無止橋至今，多次參與學生團隊
活動、農村服務及交流活動，畢業後繼續帶領新的團隊成員參與內地及香港
的社區服務。

1/ 村裏的孩子特別童真、簡單，小小的擁抱問候就可以令他們很開心。

2/ 無止橋團隊的民生服務活動項目包括民生改善設施活動，圖為麗江黎光村項目。

無止橋的交流活動讓團隊成員「同行」成長，圖為 2019 年一個交流營活動。

08 印在我心中的無止橋

　　我還清晰地記得 2018 年 9 月初開學時，走在校園裏，各種招新人啟示隨處可見，唯一讓我一見鍾情的便是無止橋，那一瞬間的怦然心動深深觸及了我內心深處。到現在我也說不出其魅力為何如此之大，或許無止橋從那一刻就已經印在我的心中。當我真正成為無止橋的一員後，獲得了少有的喜悅感，好像自己可以大幹一場了，又好像自己一下子長大了。榮幸的是剛進團隊就有廣西白色市樂業縣中停村的建橋項目，讓我們這些新成員接觸，那時的我一心只想如何把設計圖畫好，如何優化方案，幹起工作就不願放手，或許是想早點看到自己親手架起一座橋。

　　首次調研便是廣西中停村的一調之旅，老帶新是團隊的優良傳統，此次深刻體會到了團隊協助的魅力，也收穫了各個團隊之間的友情以及與村民之間的情誼。另外，不得不提的一件事，便是結識了無止橋慈善基金會導師李有威先生，教會了我無止橋是甚麼，教會了我怎麼經營友情，更教會了我甚麼叫真情實意……

以真情實意帶動團隊

在無止橋一年之後，便迎來了核心換屆的時期，我選擇當一位技術負責人，於是進行了自我闡述。我講述我心中的無止橋，以及表達了對其真實的感受，或許是那一份真情實意，偶然地讓我作為統籌帶着團隊往前走。我心中的顧慮和膽怯被說服了，我只知道應該好好對待每一位隊員，自己要以身作則，團結隊員一致向前。

無止橋的每個隊員都有義不容辭的責任，統籌只是想得多一些，做得雜一些。終於，在 2019 年的 8 月帶領團隊親手經歷了建橋的全過程。累嗎？累，但大家臉上的笑容別提有多滿足了。甚麼都是我們自己來，那可是手把手教學。建起一座小橋不難，難的是心心相印，心潮澎湃。我只能說不親身體驗，難言那番滋味。

老奶奶的橙甜膩了心頭

修築好一座橋，卻在我心中種下一粒粒種子，為更多有需要的地方做點事，找橋點，走民生，與村民坦露心聲，一次次的調研，便是我成長的足跡。還記得在重慶奉節調研時，我吃到了最「甜」的臍橙，老奶奶說：「大家真是辛苦了，我家沒有別的好東西給你們，嘗嘗我家的臍橙吧。」的確，這是他們家最好的東西了，甜翻了我的嘴角，更甜膩了我的心頭。

帶隊員出去，統籌義不容辭。奉節項目擱淺之後，馬不停蹄的尋找到了重慶巫溪星溪村，橋點找到了，那裏山美、水美，人更美，美得樸實、美得真誠、美的大方、美得自在。彷彿感覺和他們早就認識，只是

好久不見而已。無止橋帶我在祖國的大好河山留下腳印，我心中帶着無止橋隨時光慢慢前行，我忘不了它，它已印在我的心中！

陳 祥

陳祥為重慶交通大學交通運輸工程博士研究生。2018 年 9 月加入無止橋團隊，擔任 2019~2021 年團隊統籌，帶隊參與廣西、重慶等地無止橋項目調研九次。

1/ 在導師李有威先生（左）指導下，陳祥參與建橋工作，也學到經營友情。

2/ 各個團隊成員之間的友情，也是參加無止橋的一個重大收穫。

3/ 陳祥（右）與來自香港的團員一起在橋樑拍照。

4/ 無止橋導師李有威先生（左一）與陳祥（右一）及學生團隊關係良好。

5/ 與村民交流來往也是無止橋成功的重要部分。

1	2	3
4	5	

第二章

地

地，與人的命脈息息相關。無止橋的「生土建築」項目運用當地可用資源，就地取材進行農村建設，為當地村民提供了環保、價格相宜和有抗震功能的房屋。

生土建築項目把學者與社區緊密連接起來，除了分享和學習傳統建築的方法，並對技術進行調整優化外，村民亦被邀請參加生土建築的建設示範，團隊會為當地工匠提供相關的技術培訓。

用心教導和傳授，熱誠投入義務工作。聚首的歡慶與感恩，一幀幀難忘的畫面，都一一刻在這片土地上，歡迎你來走上一趟。

01 心無限・鞏固脫貧成果

2021 年 2 月 25 日，習近平總書記向全世界莊嚴宣告，我國脫貧攻堅戰取得了全面勝利。現行標準下 9,899 萬農村貧困人口全部脫貧，全國的農村貧困人口收入水準顯著提高，貧困地區經濟社會面貌整體改善，提前 10 年實現《聯合國 2030 年可持續發展議程》減貧目標，為全球減貧事業作出了重大貢獻。

然而，脫貧不是終點，而是新生活、新奮鬥的起點。進入過渡期（2021~2025 年），要全面鞏固脫貧攻堅成果，推進鄉村振興，重點轉向實現鄉村產業興旺、生態宜居、鄉風文明，促進脫貧人口穩定就業、完善脫貧地區的基礎設施條件，促進共同富裕。

脫貧攻堅期間，無止橋慈善基金鼓勵香港和內地的 30 多所高校合作，組建 20 多支大學生志願者團隊。成立至今，已在八個省份超過 50 多個村開展人行便橋、環保夯土房屋、社區民生改善和學生體驗學習等活動，幫助村民改善生活條件。支持村民改善傳統夯土建房技術，協助村民傳承傳統文化，發掘並記錄村落文化遺產等活動，彰顯「社會扶貧」的重要作用。積累接續參與鞏固成果，與推進鄉村振興的重要經驗和基礎，尤其是在生態宜居和鄉風文明兩個方面將大有作為。

推進生態宜居和鄉風文明

一是推進農村廁所革命。無止橋學生志願者團隊，已在甘肅省會寧縣馬岔村示範建設不同類型的衛生廁所，探索西北地方缺水條件下，衛生生態旱廁的設計、建造、使用和廢物利用模式。解決了廁所革命的技術更新、成本投入和與當地農業生產結合的關鍵問題，得到當地羣眾的普遍認可。

二是治理生活垃圾和污水。農村生活垃圾亂堆，污水橫流，一直是造成鄉村環境髒、亂、差的主要原因。多年來，無止橋學生團隊堅持為項目點的村落設計簡單、易用、低成本的村級「垃圾焚燒爐」，致力回應地方村民處理垃圾的需要。在生活污水治理上，學生團隊也在努力學習及研究「戶用」污水處理「濕地」建設，協助村落開展「污水收集管網」設計，助鄉村人居環境改善。

三是參與傳統村落保護與建設。傳統村落既保留着過去的建築風貌、歷史記憶和地域特色，又不可避免地在要適應現代生產生活的變化。無止橋環保夯土建築示範及推廣項目和社區民生改善項目，在貴州省從江縣、甘肅省會寧縣、河北省承德市、陝西省西安市等項目點，都開展了傳統村落文化遺產保育與傳承，傳統民居建造提升和改善村民文化生活的項目活動，推動了侗族歌師文化傳承、西北民間古老傳統藝術，如秦腔及皮影戲之表演，和承德傳統村落民俗的恢復。提出並示範了侗族傳統木質民居和漢族傳統夯土建築提升改造，為不同區域傳統村落物質空間結構更新，與非物質文化傳承探索了好的做法和經驗，是推動鄉村振興生態宜居和鄉風文明的重要實踐。

在鞏固脫貧成果推進鄉村振興的路上，無止橋啟發社會尊重、欣賞和保護地方傳統文化和環境的宗旨，將在改善脫貧地區和脫貧人口人居環境、提高鄉風文明等方面發揮更大的作用。

無止橋也推動了古老傳統藝術傳承。

但文紅教授

但文紅教授任教於貴州師範大學，長期從事西南地區村落文化遺產保育與社區發展研究與實踐工作。自 2016 年以來，多次承擔國家脫貧攻堅成效考核協力廠商評估任務，作為主要專家參與鞏固脫貧攻堅成果推進鄉村振興的後評估工作，研究課題涉及到村落產業培育、文化遺產保育、人居環境改善、社區治理等議題。早於 2014 年已與無止橋合作，開展貴陽市水資源保護和黔東南侗族傳統村落文化保育與建築更新示範工作，並一直支持無止橋學生進農村服務和作為項目評估督導。

02 土生土長

「萬物生於土,而終歸於土。」

亙古至今,建築亦然。

　　土、木、草、竹、石等形態多元,而且就地可取的自然材料資源,造就了我國各地區豐富絢爛的傳統民居建築、文化,以及和諧共生的生態價值觀。其中,以土為材,是我國乃至全世界歷史最為悠久、應用最為廣泛的營造傳統之一。至今,在我國仍有至少 6,000 萬人口居住在不同形式的生土民居建築中,且多集中分佈於貧困農村地區。儘管享有「冬暖夏涼、生態環保」等美譽,但傳統生土民居在抗震和耐水等性能方面存在相對缺陷,使其難以滿足今天人們日趨多元的物質和精神需求,甚至成為貧困落後的象徵。這也是當今眾多傳統營造技藝面臨的共同窘境。

　　過去 10 多年間,在住房和城鄉建設部村鎮司與無止橋慈善基金的大力支持和推動下,在聯合國教科文組織「生土建築、文化與可持續發展」教席國際研究網絡的支援下,我們依託西安建築科技大學和北京建築大學,針對傳統生土營建工藝的發掘、改良與革新,通過系統深入的基礎調

研、試驗研究與示範建設，取得了一系列廣受關注和令人鼓舞的成果。

首辦生土建築專題展覽

2017 年 9 月，正值無止橋慈善基金成立 10 周年、香港回歸 20 周年之際，在住房和城鄉建設部村鎮司、無止橋慈善基金、北京建築大學的支持下，我們於北京建築大學舉辦了我國首次以生土建築為主題的專題展覽。本次展覽在總結過往 10 年的同時，聯合國際現代生土建築界的同仁與先行者，以圖文展板、實物工具、樣品試件、片段裝置、建築模型、視頻資料等形式，首次較為全面地呈現了中國傳統生土民居建築及其建造技術，以及生土材料應用基本科學原理、生土材料美學表現。我們在現代生土建築領域的實踐與探索，以及國際當代生土建築優秀案例等板塊的內容，旨在使人們重新認識我國生土營建的傳統，在瞭解現代生土材料科學的同時，思考與審視以生土為代表的傳統營建工藝在今天的應用潛力與相適宜的發展定位。

針對本次展覽，無止橋慈善基金與北京建築大學於 2017 年夏季，聯合舉辦了一次為期兩個月的大學生暑期工作營，所有的實物展品由來自中國內地、中國香港和美國的 30 餘位大學生志願者和實習生，在研究團隊的帶領下共同協作，親手完成。展覽於 2017 年 9 月 16 日正式開幕，11 月 16 日閉幕。本次展覽儘管受空間、時間與團隊經驗的限制，難以充分系統地呈現生土建築領域的方方面面，但有幸迎來了來自全國各地的6,000 餘位參觀者。以此為開端，團隊受邀先後參加了深圳華・美術館「另一種設計」展覽、無止橋生土建築香港專題展、威尼斯建築雙年展、

深港建築雙年展、UIA 世界建築師大會中國展、CADE 建築設計博覽會，以及在德國、法國、英國等地舉行的多項專題展覽，獲得了建築界乃至社會各界的廣泛關注和肯定。

生土營建智慧的傳與承

每一種材料或施工工藝都有其相對的優勢與缺陷。建築師的核心責任，就是根據項目的需求定位和設計目標，充分利用每種材料和工藝的特點與優勢，並通過建築設計的方式規避其缺陷，也由此形成了每種材料或工藝特有的設計語言。現代生土，作為一種新的「老」材料，經過革新升級，為設計師提供了一個豐富多元的應用空間，也為建築教育與大眾科普提供了一個新的平台。

過去 10 多年間，團隊依託西安建築科技大學、北京建築大學等高校平台，在住房和城鄉建設部、無止橋慈善基金、聯合國教科文組織「生土建築、文化與可持續發展」教席等機構的支持下，將科研、教學、實踐與公益相結合，面向大學生、村民工匠、社會大眾開展了一系列生土建築專業教育與大眾普及的探索工作。在持續開展村民工匠培訓的同時，團隊目前在高校也已形成了面向建築學專業本科生、碩士生以及不同專業背景學生的三個層次的教學平台。

在本科教學環節，自 2015 年起，團隊在西安建築科技大學、北京建築大學、西安美術學院等高校，將生土研究的成果與實踐經驗引入建築學專業本科設計課程教學。旨在深化學生對於材料之於建築設計的理解，豐富與拓展學生對於傳統營建智慧及其現代應用的認知，也希望為他們

未來的從業發展埋下一顆種子，讓這一久違了的工匠精神能在這些學生心中生根發芽。在此過程中，學生所表現出的激情與創造力，以及其中顯現出的教學拓展潛力，讓團隊備受鼓舞。

對於研究生教學環節，在當前「建築師負責制」全面推進的背景下，團隊在帶領研究生參與核心研發的同時，結合鄉村扶貧建設公益項目，讓研究生以駐場建築師的角色，在農村與村民同吃同住，組織協調多方協同工作，帶領和指導村民工匠建設農宅、圖書室、村民活動中心等一系列小型示範建築。每個學生在農村的駐場時間短則兩個月，長則一年。每當他們完成人生第一個建成作品回到學校時，總能從他們曬黑的面龐中欣喜地看到一分成長的蛻變和對專業認知的自信。

面向更多專業領域的大學生，團隊在無止橋慈善基金的統籌和支持下，自 2011 年開始每年舉辦 1~2 次暑期工作營，指導和帶領來自中國內地、香港以及海外的大學生志願者，以馬岔村為基地開展為期 2~4 周的扶貧公益與教學體驗工作。內容包括傳統生土民居參觀調研、村民居住現狀調研與訪談、基於生土營建工藝的房屋與設施示範建設及技術培訓等。截止 2019 年，平均每年有來自 30 餘所高校的 30 ～ 60 名大學生志願者參與其中。目前該暑期工作營已成為香港大學面向全校學生的暑期選修課程。

探索今天的「純棉製品」

每當被問及傳統生土和所謂現代生土的共性和差異時，我們往往會拿布料來做比喻。傳統生土就像過去人們穿的土布，用棉花土法手工織

造，曾經被視為只有窮人才會用的布料。隨着聚酯纖維的發明，可機械化量產，且更為平整光鮮、更易於裁剪塑型的「的確涼」布料，一度風靡全國。而今天，因為人們已經意識到，穿著的舒適健康與外表的光鮮亮麗同等重要，所以同樣取自棉花但兼具前二者之優點的純棉製品，便成為人們日常使用最普遍、最貼身的布料。後工業化時代，人們已經在向自然回歸，但這不是簡單的回頭，而是一種基於反思的螺旋上升。可以說，現代生土正是我們現階段努力研究的生土類「純棉製品」。

基於對過去 10 幾年研究和實踐的回顧與總結，我們編寫的新書《生土建築的傳統與現代》將於 2022 年底出版，旨在向社會大眾呈現一幅以「生土」繪就的畫卷，拋磚引玉，開啟一扇回望傳統、審視傳承的窗口。此書想要表達的，並不是要去取代或是否定當代工業化的一切，而是希望在所謂「最好的」唯一選項之外，追尋曾經應地綻放的那份多元，探索屬今天的「純棉製品」。

我們希望，在冰冷的鋼筋混凝土叢林之中，人們能夠重新觸摸和品味人類沉澱千百年的傳統與智慧，感受那份久違的真實和溫暖，思考傳統價值之於今天的意義。

穆鈞教授

西安建築科技大學建築學學士及碩士、香港中文大學建築學哲學碩士及博士。現任北京建築大學建築與城市規劃學院教授、博導。無止橋慈善基金駐北京首席代表，現代生土建築研究中心主任，兼任國際建築師協會可持續發展委員會委員，聯合國教科文組織「生土建築、文化與可持續發展」教席教授，住建部建築設計專業委員會委員、村鎮建設專業委員會委員，中國建築學會村鎮建設分會委員、鄉土建築分會委員等學術職務。

展覽首次較為全面地呈現了中國傳統生土民居建築。

以土為材，是我國應用最為廣泛的營造傳統之一。

希望人們能夠重新感受傳統生土那份久違的真實和溫暖。

$$\frac{1}{2 \quad 3}$$

03 重塑現代建築 與關懷人道

　　身為一名建築設計師，我在工作中常關注的往往是一些具體的設計問題，比如空間、材料、工藝的運用等。思考比較多的是怎樣使各種材料在空間中的關係既合理又有趣……這種和具體物質打交道的過程，會讓我覺得比較安心。

　　不太知道如何描述自己與建築設計的感情，它儼然已經是自己生命的一部分了。表面上設計是在創造一些東西，但其實它也是逐漸深入地觀察世界，觀察自己的一個過程，給你痛苦也能帶來快樂。我想大概所有從事着自己熱愛的事物的人，都會有這樣的體驗吧。

夯土的美打動過我們

　　馬岔村民活動中心是我主持設計的第一所房子，我也親身參與了建造的過程。它在很大程度上重塑了我的設計觀，使我在設計中從主要關注空間形式，轉向了更多關注並尊重材料本身，以及材料與空間的關係。

材料也有生命，對設計師來說，它更具體，而且誠實，是對手也是夥伴。

夯土是這個設計的起點。在開始設計之前，穆鈞老師和我先確定了這個中心必須是一座現代夯土的房子。以夯土工藝來建造，是這個地處黃土高原的偏遠小山村裏最實際，也最當仁不讓的選擇。往大了說，夯土千百年來一直是當地的建造傳統，而近十幾年卻快速地消亡着，所以有必要通過現代的材料與工程知識對其改良並進一步傳承，從而保護好這種建築文化的多樣性。往小了說，夯土的美打動過我們，我不願看到它的消失。

帶領馬岔項目幾次獲獎

馬岔村民活動中心從設計到建成經歷了近三年的時間，投入使用至今也已經過去了五年，完全記不清這期間去過多少次馬岔了。現在回想起來，設計中的各種細節如何被反覆推敲，圖紙怎麼被慢慢落實成為真實的空間，這部分記憶竟然或多或少已經有些模糊。反而是和來自世界各地的志願者一起同吃、同住、同勞動的各種場景卻歷歷在目。建築設計並建造的過程有點像拍電影，雖然掛名是某某人的作品，但實際製作卻離不開一羣人的集體努力。馬岔這部「電影」就是我們與無止橋志願者及村民們集體創作的成果，和中心的土房子本身一樣，他們的歡笑、汗水與勞動都是這部作品重要的一部分。

設計之初，我們預計馬岔生土建築示範及推廣項目可能會獲獎。這類含有人道主義色彩和變革意味的公益項目，一直是國內外很多獎項的關注點。在這方面，無止橋團隊多年來出色的工作已經廣受認可。在此

基礎上，我們就希望也能在設計本身有所突破，營造出一組獨特的夯土空間，回應村民日常生活的需要。最終，憑藉這幾方面因素，馬岔項目特別榮幸地獲得了國內外專家與同行的肯定，數次獲獎。但獲獎之外，還有更令我們開心的獎勵，就是看見村中的小朋友和大姐們在中心裏看書及跳着廣場舞時，笑着對我們說：「這房子挺好，我們喜歡。」

蔣　蔚

無止橋多年的志願者，馬岔村民活動中心主設計師。畢業於法國巴黎拉維萊特國立高等建築學院，現為北京建築大學建築與城市規劃學院講師、聯合國教科文組織生土建築、文化與可持續發展教席研究員、土上建築工作室創始合夥人、主持建築師，以及法國國家註冊建築師。

無止橋團隊動工以夯土建造馬岔村民活動中心的施工過程。

婦女在馬岔村民活動中心跳廣場舞。

馬岔村民活動中心日常使用情況，村中兒童在畫畫和看書。

1	3
2	

1/ 蔣蔚（右）與穆鈞教授在馬岔村民活動中心外合照。

2/ 馬岔村民活動中心建成後的外觀。

3/ 馬岔村民活動中心建成後的內部佈局，富有格調。

1	2
	3

04 我與西北黃土高原土房

「好是好,可是他是土的!」這是我做夯土房推廣的時候,村民對我說過的一句話,令我印象頗為深刻,道出了老百姓對土的複雜情感:「我們的生活從來都沒有離開過土地,它直接或間接地供給着我們生活,滋養着我們的生命。」現代工業化的推進與社會變革,改變了由土地直接供給的傳統方式,使得土地與我們之間相互關係被弱化了,土成為落後的代名詞。

農村出身的我,從小與土打交道。依稀記得小時候住在老家四合院破落的土坯房內,整個院子住着四家人。在那個經濟物資匱乏年代,不分彼此,互幫互助,分享快樂!隨着生活改變,曾經的喧鬧也隨着我們長大逐漸的逝去。時代的更替,保留在記憶裏的不是生活艱辛,而是童年那份真誠、歡樂和祥和。夏天麥收共同碾場,慶祝豐收喜悅,共同享受着土地帶給我們生活的歡樂。大雪紛飛的冬季,一起堆雪人,鬧侃大山,憧憬着來年土地有個好收成。土房承載着生活的經歷,未曾脫離農村的生活,使得自己職業生涯也一直與農村相伴。與黃土地滋養下的傳統文化相伴,工作後有了更多機會去理解農村文化價值和生活。

村民建房 ≠ 城市人買房

2016 年，我加入無止橋，開始馬岔現代夯土中心營運和土房子推廣的工作。與夯土房相伴的故事就是從那個時候開始，深入了解現代生活發展與老百姓之間對土複雜矛盾的情感，也有更多機會去思考農民房屋傳承農耕文化根基。農村長大的經歷和工作經驗，總使我認為自己會更懂得農民和無止橋的想法，並理解學生進村服務的期待。當各種背後期待和想法交織在一起的時候，實際上造就成一個複雜的議題。

村民的房子是修建在傳統農村生活的實踐基礎上，符合農村生活的邏輯。因此，農村建房方式決策過程，實際上綜合了農村生活文化多種價值因素：美觀、安全、風水地理、家族傳承、婚俗等因素，都成為左右農村建房決定之基礎。城市房屋更多只是商品，而對於農村房屋本身，包含着傳承農村生態文化和家庭責任。

雖然現在農村建房也逐漸向城市看齊，但是傳統的根依然左右着農民建房方式發展，我們依然看到現在農村建房要看風水，祭拜天地，舉行進火儀式等。即使房屋採用大量現代方式裝修，傳統土炕、掛畫、院落格局、房屋功能等依然保留着農耕文化的根，並沒有隨着房屋現代化而改變。房屋在農村並不只是住所，而更多的是鄉村家庭文化的傳承。

我們的初心是去幫助農村建立綠色可持續的生活，這需要我們更多地去理解鄉村的文化邏輯，理解鄉村建房的需要，只有更多理解農民為甚麼這樣生活，才能一點點讓老百姓擁有更美好的生活。

人與土之間的關係及互動

有人說，要了解黃土高原生活，就要聽秦腔，只有秦腔的聲調才能唱出黃土高原的慷慨激昂，蒼勁悲壯。黃土高原生活的人，面朝黃土背朝天辛勤勞作，努力追趕着現代生活的節奏。土地是生活的重要組成部分，也是孕育農村文化的核心。

時代發展，工業化的興起，傳統農業已經無法獨立支撐起農村完整的現代生活。貧瘠土壤辛苦勞作下，傳統農業生活方式只能供給基本溫飽，致使愈來愈多農村人逃離土地，生活物資由土地直接轉化成間接供給。見慣城市燈紅酒綠、絢麗繁華，老百姓對生活的追求也發生變化。土代表着生活環境塵土飛揚、髒亂不堪的過去，而不是現代的明窗亮瓦。當有機會和能力去改變現狀的農民，在房屋建造上便會拋棄傳統夯土建築，更傾向選擇現代材料，與城市看齊。土與人之間的關係也隨着城鎮化發展和時代變革發生了較大的轉變，大量年輕人外遷進入城鎮生活的體系，使得社區愈來愈減少了對土地依賴，土地上生產資源愈來愈變成直接商品，小戶型生產逐漸變成集約化的生產。這也是更多在挑戰着農村傳統生活邏輯以及社區治理結構，對未來社區發展提出更多機會和挑戰。

農村生活的逐漸城鎮化是時代發展的過程，並不等同於未來的農村全部變成城市或城鎮。國家根據城鄉發展不同，提出鄉村振興戰略，堅持人與自然和諧共生，走鄉村綠色發展之路。在此背景下，無止橋在多年研究實踐的基礎上認為：土的環保性、健康性具有難以比擬的優勢和時代價值。保留土的冬暖夏涼和低碳環保等優越性能，通過技術革新，提升其建築強度、抗震性能、舒適感和設計感，從而提升對鄉土的信心，成為無

止橋開展生土建築示範及推廣項目核心關注的議題。

對此，無止橋多年來在多地支持修建的現代生土民居示範，堅持培育鄉村工匠，為當地鄉村未來生態民居建造擁有更多的選擇，一些居民開始意識並認同生土的價值，主動聯繫或者學習生土建造技術，並修剪出了符合自己心目中未來的理想家園。馬岔的工匠也開始走出大山，將現代生土技術帶出去，在全國各地落地生根。特別是由志願者和村民共同修建並運營的馬岔村民活動中心，大大地影響了當地村民對生土建造的傳統觀念，並且可以開展各種村民活動，傳承當地文化，成為服務村民的社區公共空間。

多年來，現代生土建築示範推廣項目也先後榮獲多項建築大獎，生土建築重新登上建築舞台，儘管前景廣泛，但也並非一蹴而就，而是需要逐步探索和推進，以夯土建築為代表綠色建築，更好的融合國家生態發展戰略。這需要時間引導農村逐步轉變思想，意識到土在農村文化中價值屬性，使得農村愈來愈走出自己特色之路、人與自然和諧之路。

學生社會實踐和發展農村

每次行走鄉間小道，總是能感受農村的包容和寬厚。這片土地孕育我們樸實的農民，每次聽到村裏人說：「走，喝茶去！」。在煙火沸騰的罐罐茶中，每個來自不同遠方客人總能品嚐到一樣熱情和朴實無華。每當志願者來臨，馬岔村民總是用這種熱情傳遞給每位來自不同遠方客人，讓客人感受到遊子歸家的熱忱。他們至今保留着幾年前那個歡聲笑語的視頻，還能清楚記得相片和視頻中志願者的學校和名字，依然回味着大家會

心的笑容。

總想問自己，學生社會實踐在農村實踐甚麼，建造一個漂亮的建築？其實不然。先不說我們想要建造甚麼，或者說志願者想做甚麼，實際上我們需要更多的

錄維維（後排右二）與馬岔婦女村民合照。

去思考。你能做甚麼？你想看到的結果是甚麼？我覺得這需要志願者和我們共同去反思。而無止橋確採用了志願者模式，這種方式實際上為志願者提供了一個機會，放下書本，向老百姓去學習和思考，學習他們在當地應的生活經驗，應對困難的勇氣和智慧。只有我們用心去學習總結本土智慧，再融合到專業理論和實踐中，這樣的設計才能更好融入當地傳統生活，才能打通老百姓與我們之間的心橋。

在農村做志願者，更需要我們放下身段，保持謙虛謹慎的姿態。一直記得一位公益前輩的一句話：「用欣賞的眼光去認識別人，然後才能正確的認識自己。」只有我們學會了欣賞的眼光，我們的世界才會寬闊。我們都是生活的求知者，只有不斷放下自我，才能走的更遠，建造無止橋真正的心橋。

錄維維

錄維維是無止橋慈善基金（香港）北京代表處同事，主要負責馬岔村等夯土推廣項目。

05 那年那無止境的橋緣

20 多年前，我出生於廣東省的一個小農村，依稀記得那一個個日出而作日入而息的村人，那一條條沙塵滾滾的小路，那一座座烏燈黑火的瓦房⋯⋯至今，我還會不禁回想那年那農村的面貌。匆匆 20 多載逝去，原來這一切已經日新月異。當年我看到學校無止橋團隊的招募宣傳，便萌生了好奇的念頭，在仔細查閱無止橋慈善基金這個機構後便膽粗粗報了名。幸運的我，成為學校無止橋團隊的一份子。現在回想，加入無止橋的決定是正確無誤的，作為無止橋的一份子更是無悔無憾了。

我在無止橋參加的第一個活動，是和四川大學合作的南充市田家壩村項目。作為一名新人，我並不適應和團隊的人溝通，故此起初的我在積極性和參與度上都比較低。後來不幸的事發生了，無止橋因地方發展的計劃有所變動，決定取消進一步發展該項目，當時的我不禁覺得失望和不忿。

繼而，我以義工身份參加了香港中文大學和四川大學在四川黃龍場村的項目，從這次的經驗中，我明白到橋友與橋友之間的合作協商是必須的，因為我們並不能靠一己之力建造一座橋。朋友與朋友之間的互助互信是珍貴的，我們並不能只信任自己的長處而忽略本身的不足之處。無止橋與村民的和諧溝通是良好的，我們應該入鄉隨俗，尊重當地的文化。

互相遷就尊重和包容

　　除此之外，我在 THEi 無止橋團隊最獲益良多的是籌備和進行馬岔村項目。在籌備方面，各團隊都很積極地發表建設性意見，還收集不同專業性的數據，進行各個項目活動的財政預算，撰寫和修改計劃書。我們需要通過不斷的溝通和協商才能得出一份受三間學校和基金會認可的結晶。幸運的是，我們都能夠尊重和包容彼此的難處，體諒大家學業上的繁忙，更重要的是大家能把彼此的差異變成互相學習的動力，比如學習對方的方言等。

　　在進行項目方面，內地團隊協助香港參加者加快融入當地的生活，在調研實踐中扮演了翻譯員，在夯土體驗活動中扮演了教授者，因此我們才能更有效地在馬岔進行各種各樣的建設項目。當然項目也有不足之處，例如召集村民能力不足，人手分配不當和缺乏緊急應對措施等，幸運的是我們仍能團結一致，勇於面對每個困難，儘管總會遇上挫折，但我們還是很珍惜晚上檢討和分享的時間，只因我們深知，只有不斷在錯誤面前反省和改善，才能好好成長。

　　我從小就喜歡讀聖賢書，沒想到參加無止橋的活動竟會成為我個人成長的實踐性經驗，從而了解到現今社會的發展與局限，也能用微力去回饋社會，關注社會的前景。匆匆 20 多載逝去，小農村原本沙塵滾滾的小路已變成四通八達的火龍，烏燈黑火的瓦房也變成了萬家燈火的商品樓……

1/ Benny 一直熱心參與無止橋活動。

2/ 在黃龍場村無止橋項目中，Benny 明白到合作協商是必須的。

<u>1</u>　<u>2</u>

鍾惠掌

鍾惠掌（Benny）一直熱心參與無止橋活動，是 2016~2018 年香港高等教育科技學院 THEi 無止橋團隊核心成員，多次組織及參加建橋及馬岔項目，感覺體驗大不同！最難忘的可算是團隊間一起投合工作的精神，遇到問題時一起討論一起解決，在馬岔還試過因黃土高原地區缺水整個星期沒洗澡難忘體驗。

1/ 黃龍場村無止橋築成後，來自五湖四海的團隊成員一起拍照留念。

2/ 在內地團隊協助下，Benny 與其他香港參加者很快融入當地生活。

06 豐盈建築設計之路

四年前，因為導師的項目，我來到了馬岔村，正好趕上了無止橋組織港大學生進行鄉村服務活動，對鄉村一無所知的我，開始了在馬岔村幾個月的生活，這也是我與無止橋認識的開端。

駐　　場

以現代夯土技術進行施工的馬岔村民活動中心，於 2016 年建成，而我此次到馬岔村的任務主要是負責其二期項目 —— 馬岔村志願者宿舍的修建。在村內的建造項目有着很多的不確定性，雖然建築的設計已經考慮了當地的特殊情況，但依舊會有各種意料之外的問題出現。而當地工匠掌握着傳統的、最適合當地的建造技藝，很多問題他們一眼就能看出來，因此施工過程中的很多事情都需要與工匠師傅們商量，在一定程度上調整設計，避免可能發生的意外。在施工期間，我也曾前往工匠師傅的家裏，去看傳統的灶台是怎樣做的，熟悉了村民的習慣才能更好地施工。

走　訪

2020 年 9 月，因為畢業論文的需要，我走訪了甘肅幾個村子，其中就有毛寺村和大灘村。毛寺村因為旅遊產業已經有了很大變化，當年無止橋在毛寺村修建的橋和毛寺生態實驗小學至今卻依舊保存完好，記錄毛寺村的歷史發展，成為了毛寺村的特色。大灘村雖然沒有毛寺村那麼好的旅遊資源，但其發展在當地也屬於較好的，雖然當年無止橋團隊在大灘村建造的新月形的橋已經不在了，大灘村村民活動中心也變成了倉庫，但村民還記得當初無止橋曾在此進行的工程，村委會的人對我說也希望將村民活動中心恢復使用，打造為大灘村獨有的展示館。

這一路的旅程，一方面是為了看看無止橋當年走過的路，同時也是為了驗證我心中的一個問題，團隊在鄉村的修建到底對村民有多大的影響，村民們又是怎樣看待這些事的。

體　會

2021 年 3 月，我懷着這樣的問題，再次來到馬岔村，走訪了很多家村民，想知道村民對於馬岔村民活動中心的看法。在走訪過程中我也深刻體會到，相比起我走訪過的一些村落，馬岔村的村民對待外人少了一絲戒備，多了一份熱情，很多村民都會邀請我到家裏做客。這份熱情可能與當地風俗有關，但也與無止橋組織的各類活動也有着密不可分的聯繫。走訪的結果讓我比較欣慰，雖然平常村民們大多忙着自家的事，但是活動中心有活動的時候，還是經常會前往的，而活動中心的村郵站更是發揮着

不小的作用，讓村民不再需要前往幾公里外的鎮子上取快遞，這為村民提供了很大的方便。

與無止橋的相遇讓我成長了很多，也讓我體會到在鄉村做事的不容易，而無止橋能堅持進行 15 年的鄉村工作更是不易，希望無止橋幫助過的村子能順利發展，也希望無止橋幫助過的孩子能健康成長。而我也由一名常在校園出入的建築設計研究生，通過無止橋在農村項目多時的實踐和體驗，終於夢想成真，順利畢業，投身國家的建築設計行業中。

吳仰晨

吳仰晨畢業於北京建築大學建築學專業，2018~2019 年間參與了無止橋馬岔村志願者宿舍項目的修建。現在就業於中國建築設計研究院有限公司。

1/ 結合現代夯土技術與傳統工匠技藝
馬岔村志願者宿舍。

2/ 馬岔村志願者宿舍的施工過程並
容易。

3/ 馬岔村志願者宿舍在以村民為主的
工團隊努力下,接近完工。

4/ 吳仰晨在參考馬岔村民居的灶台後,
志願者宿舍設計的灶台。

$\dfrac{1}{2}$

1/ 毛寺村旅遊產業發展不錯，無止橋也成為當地旅遊業資源的一部分。

2/ 民生項目毛寺生態實驗小學至今依舊保存完好，記錄了毛寺村的歷史發展。

3/ 大灘村村民活動中心已按當地需要變成倉庫用途，村委會計劃將來恢復成展示館。

07 最特殊的建築時光

2021 年端午節期間，我們 20 多名老橋友在無止橋慈善基金老朋友李德偉先生（Stephen）的張羅下再次回到了馬岔村。重返故地，內心百感交集，因為這裏承載着大家求學時太多回憶和付出。

認識貧窮

回想起初次邂逅馬岔村的場景，彼時剛剛結束本科課程，暑假同期幾人和一批香港及海外志願者，跟隨穆老師浩浩蕩蕩來到村裏。那時的條件更加艱苦，千溝萬壑，崎嶇難行。大家白天幹活，晚上休息便幾人一組擠在老鄉家的土炕上，不一會兒呼嚕聲便此起彼伏。村裏沒有通自來水，又極乾旱，窖裏收集的雨水就變得異常珍貴，除了日常飲用外，餐具清洗和個人洗漱都需要十分節省。

初次來馬岔的主要工作，是跟隨穆老師和已駐點幾個月的王帥學長一起參與示範房建設，同時進行新型夯土推廣戶調研和村民活動中心選址。此次在村裏住了十幾天時間，直接感受到以馬岔村為代表的西北貧困農村，建房所面臨的嚴峻挑戰 —— 收入低下、生態環境脆弱、資源局

限下和傳統技術存在的固有缺陷，而以生土建築為代表的傳統建築形式，在村民的心裏更是成了貧窮落後的象徵。

回應貧窮

結合這些共性挑戰，團隊在無止橋支持下，形成了一套適合西部貧困農村地區的現代夯土綠色民居設計與建造體系，幫助村民建設了一批經濟適用、環保舒適的土房子，解決了基本的居住品質問題。同時後續還開展了馬岔村民活動中心和深港雙年展等，形式更加靈活、更具設計感的「高端」夯土項目，讓村民和社會重建起對生土建築信心。當然這個過程也和淳樸的馬岔老鄉建立了深厚的感情，對此我還專門練就了一口蹩腳陝西話，一是跟有些老鄉用普通話溝通存在困難，而說陝西話往往能聽懂，二是能夠進一步拉近跟老鄉的距離。

離開學校已有五六年，現代夯土建造體系也有了更加廣闊的發展空間，馬岔也在大家的關注下慢慢變好。通過 2021 年回訪了解到，這裏不但有了活動中心，還有了淘寶店、路燈和自來水供應，重陽、端午活動和皮影戲也再度喚起了老鄉們對傳統文化的熱愛，村裏的婆姨們也跳起了廣場舞。當然最令人高興的是蓋示範房的幫扶對象：村裏最貧困的老岳家也摘了帽，現在兩個孩子都能夠自食其力，並且家裏還養上了一羣羊。

在社會工作後也參與了很多項目，大多也都付出了一些心血，但每每想到馬岔和在學校學習、研究生土建築的時光總覺得是最特殊的，因為這裏承載着我們的青春記憶和寄託。特別感謝無止橋給了我們得以在

村裏重聚的機會，也希望以後還能有機會為無止橋和馬岔村發展再盡一份綿薄力量。衷心希望無止橋愈來愈好，馬岔村愈來愈好。

衷心希望無止橋愈來愈好，馬岔村愈來愈好。

陸磊磊

陸磊磊 2009 年暑期在西安建築科技大學就讀本科時參與太白村項目，初次結緣無止橋。2012 年起攻讀碩士研究生，跟隨穆鈞老師和團隊參與了一系列現代夯土研究與實踐，同時發起西安建築科技大學無止橋營造公社。現從事建築設計管理相關工作。

1/ 馬岔承載着我們的青春記憶和寄託。

2/ 深港雙年展讓村民和社會重建起對生土建築信心。

3/ 希望以後還能有機會為無止橋和馬岔村再盡一份綿薄力量。

4/ 團隊幫助村民建設了一批經濟適用、環保舒適的土房。

08 馬岔村村民新生活

★ 馬岔村婦女村民

　　無止橋來到我們村裏後，為我們村修建村民活動中心，談場（活動場所）比較大，我們閒的時候就去那裏跳舞，跳跳舞挺歡樂的！以前還唱過戲，我們都自己上台表演，那個時候很熱鬧，最近這兩年疫情影響，不讓聚集，跳舞就少了。有時間還得去跳跳，跳跳鍛煉身體還挺高興的。這兩年學生來的也少了，疫情比較麻煩，影響了我們生活。學生們都挺禮貌的，跟我家孩子一樣大，幹事情都比較認真。雖然有時候說話說不明白，但是大家都挺好交流的。給我們村安裝路燈，晚上挺亮的。以後歡迎常來，只是我們這裏艱苦一些，娃娃們（女學生們）也挺能吃苦的。

★ 馬岔村皮影戲師傅王維吉

　　無止橋挺好的！經常帶學生來我家聽我講學皮影戲的故事，我跟他們都挺熟悉，尤其是香港學生挺喜歡聽我皮影戲故事，唉！現在皮影沒有

傳承人，再過幾年估計都失傳了。前幾年每年都有不同學生來找我了解皮影戲，無止橋也支持我皮影戲的棚子。前幾年還是比較多，也在中心演過，學生來的時候村子裏面比較熱鬧，人比較多。觀眾都是以老人比較多一些，年輕人都是湊熱鬧，來的學生都挺認真的，太陽那麼大都跑過來。

★ 馬岔村村黨支部書記王支書

跟無止橋打交道也有些年頭了，從一開始進行夯土試驗的時候我就一起參與。大部分學生都比較禮貌，能吃苦，比較認真、嚴謹。學生都挺辛苦的，為我們村修建了村民活動中心，前兩年我們舉辦了很多活動：包粽子、婦女活動、給老人過過生日，老百姓評價都比較好。也為村裏安裝很多路燈，晚上村裏出來也沒有那麼黑了，安全很多。這兩年疫情影響，都不能舉行聚集性活動，疫情期間，無止橋還捐贈了很多醫療物資，支援了村上的疫情防控。

村民在活動中心辦節日活動。

村民有了活動場所，一起聚餐。

無止橋支持皮影戲師傅王維吉的皮影戲棚子。

疫情期間，無止橋捐贈醫療物資支援村上的疫情防控。

1	2
3	4

09 偶然遇上生土建築的驚奇

我叫邢勇，今年 46 歲，是一個普通的農村工匠，家住會寧縣丁家溝鄉。過去，我常年外出打工，收入低，還常常拿不到工錢。我讀書少，人老實，也沒甚麼特別的技術，時常被包工頭拖欠工資，即使努力爭取，往往也很難成功。辛苦一年，回到家過年，卻拿不到幾個工錢。

重新認識我們的傳統

2012 年，一個偶然機會，我參加了無止橋慈善資金資助的馬岔村現代夯土農房建設示範項目，跟着無止橋的穆鈞老師和學生們學習新的夯土建造技術。從那時開始，我便用學會的新技術為村民們蓋新的土房子，至今已有 10 年了。

最開始的時候，其實包括我在內的絕大多數村民，並不認可這種「土房子」。我家幾輩子都住在土房子裏，土房子在家鄉就是貧窮落後的代名詞，現在好不容易可以住上寬敞明亮的磚瓦房，又讓我們住回土房子，當時我無法接受！

第一棟夯土示範房改變了大部分村民的想法。

大家都稱我為邢師傅，負責教學生志願者夯土知識和技術。

我們 2012 年起跟着穆鈞老師學習夯土建造技術。

1	2
3	

但是第一棟夯土示範房的建設改變了我的想法。還記得那時候，我和其他幾位村民工匠把一道牆做錯了，不得不拆，我們竟然花了半天的時間才把那道牆拆掉。我們才意識到，這種看着和我們傳統夯土原理差不多，但用新的設備和方法夯的土牆竟然這麼結實！尤其新的夯土房蓋好後，不僅像我們原來的土房子那樣冬暖夏涼，造價也便宜，而且據說還很抗震。

示範房建好後，讓村民們認識到我們的傳統建築技術也能蓋出現代的好房子來，一些村民也想學着蓋。也許是因為我手藝好，人緣也好，在穆鈞老師的鼓勵下，我帶着一起接受培訓的村民工匠們，用無止橋資助的設備，給周邊的村民蓋了 20 多棟新的夯土房子。後來，受無止橋慈善基金的委託，我甚至還帶着村民們和來自香港、內地大學的學生志願者一起，用新的夯土技術給馬岔村建了一座村民活動中心。看到中心建成後那麼現代漂亮，徹底改變了我們過去對土房子的偏見。

全國到處蓋夯土房子

由於住房和城鄉建設部非常認可我們建的新夯土房，希望新技術能夠在全國推廣，所以在無止橋的支援和設備資助下，我帶領所有受過培訓的村民工匠成立了「馬岔村夯土合作社」。這些年，全國有很多地方都請穆鈞老師團隊去做夯土示範房的設計和建設技術培訓。每個示範項目，穆老師都會邀請我們合作社派兩至三名村民去當地，和穆老師的研究生一起給當地村民工匠培訓，並帶他們一起蓋夯土房子。

現在我們合作社中的村民工匠，因為夯土施工，每年的平均收入比

以前至少提高了 50%，而且在各個工地，我們培訓並帶當地人施工，大家非常尊重我們，也很少出現拖欠我們工資的情況了。

自豪用祖輩的技術蓋房子

最近幾年，在穆老師的介紹下，我甚至帶着合作社幾十位工匠去北京、洛陽、西安等大城市，用我們的技術完成了世界園藝博覽會、二里頭夏都遺址國家博物館等現代大型項目的夯土施工。其中國家級博物館有 30,000 平米大，最高的牆有 14 米高，據說將是世界目前規模最大的夯土建築。

每次在外面完成項目，回到村裏給家人和朋友說那個夯土項目如何厲害的時候，我也感到非常自豪，大家也非常興奮。沒想到我們老祖宗留下來的傳統手藝，在今天還能做這麼厲害的事。

現在，我不僅在教各地的工匠師傅，而且還負責給從香港和內地大學來的學生志願者教夯土知識和技術。大家都稱我為邢師傅，沒想像我這樣沒怎麼讀過書的人，有一天也能夠給大家當老師了……

1/ 我們和志願者一起，用新技術建了一座村民活動中心。

2/ 每次在村外完成項目獲得嘉獎，我們也感到非常自豪。

10 我終於有了新家

我叫岳增武，今年 74 歲，是馬岔村的一名普通村民。過去，我家的經濟狀況是村裏最差的，我的妻子因為智力障礙，無法進行正常的勞動，兩個兒子還在上學，其中的小兒子還因小時生病，一隻眼睛失明了。全家的生計和家務都落在我一個人身上，壓得我喘不過氣來，我的身體狀況也日益變差。

我的願望是住上新房

我家原來的土房子是父親在 1963 年蓋的，年久失修實在住不了了。但因家裏太窮，蓋不起新房。我們一家四口只能長期借住在我哥哥家，寄人籬下，沒有自己的家，在村子裏感覺也抬不起頭。

2012 年，無止橋的穆鈞教授帶着他的科研團隊，來到我們村開展現代生土技術示範項目，並且要資助一個貧困農戶蓋房子。後來全社的代表坐在一起商量，一致認為我家最需要幫助，於是便投票決定先給我家蓋房子。

　　在那之前一年，穆老師已經帶學生和村裏的工匠，在我們村裏做了幾道實驗牆。儘管絕大部分蓋房子的錢是由無止橋資助，但是聽說蓋的還是個土房子，心裏還是有些擔心的。

　　建設開始後，我的疑慮很快就被打消了。穆老師和學生帶着十幾位願意學習新技術的村民工匠，一起給我家蓋房子。穆老師對於房子品質的要求比我自己還要高，有一次，工匠們做錯了一段夯土牆，穆老師要求工匠們把牆拆掉重做，看到大家費了九牛二虎之力才把那道牆拆掉，我立刻就相信，這個現代夯土牆確實比我家老房子的牆結實多了，之前的顧慮也逐漸打消了。

1/ 我和妻子在 1963 年蓋的土房子留影。

2/ 新房子裏有很多人的辛勞和汗水。

3/ 來自香港及外國的大學生也來工地幫忙。

4/ 那時工匠都臨時住在工地附近，條件不佳。

蘊含大家的辛勞和汗水

穆老師和學生為了把我家的房子建好，真是吃了很多苦。那時工匠都臨時住在工地附近，房間很緊張，為了指導大家建房，王帥、嚴迪超、李騰三位穆老師的學生在一個土房子裏擠了兩個多月，天天在工地跑上跑下，我們吃啥他們就吃啥。由於我們這地乾旱缺水，他們都能忍受一個月不洗澡。不僅如此，很多次穆老師還帶着來自香港及外國的大學生來工地幫忙，他們都是在泥濘中徒步近 10 公里下山或上山，最後渾身都是泥水……說真的，我家的新房子裏有很多人的辛勞和汗水。

我終於能抬起頭了

新房落成的時候，我真不敢相信這是我家的房子！不僅滿足我家所有的需要，而且看着比磚瓦房還要漂亮，沒想到土房子也能蓋成這個樣子。村民們都特別羨慕我，說我一下子有了全村最好的房子！

更讓我沒想到的是，房子建好後，縣政府還組織全縣的技術員、工匠代表到我家參觀學習。到後來住建部的大領導、報紙電視台的記者、全國很多地方的人，乃至很多外國專家都來過我家。我家甚至還上了中央電視新聞，真的全國都出名了！這一切就像做夢一樣，真的太自豪了。

我家的房子建成已經有快 10 年了，住久了就更覺的這新夯土房真的

1/ 報紙電視台的記者也紛紛來訪。

2/ 新房建成後，一家人日子一天天變
得更好了。

1   2

是好，夏天涼快，冬天暖和。即使在最冷的時候，臥室裏燒炕就行了，不需要專門燒爐子即舒服，又省了我家一大筆開支。

有了自己的家，這日子也就有了奔頭，在村裏也能抬起頭走路了。如今，我的大兒子已經娶上了媳婦，小倆口在城裏打工。小兒子因為一隻眼失明，從小內向不願見人，後來家裏來的人多了，他現在也變得非常開朗，經常去村民活動中心和其他小夥伴玩耍，也能幫我分擔很多農活。我家還餵了兩頭牛，加上家裏種地的收入，現在日子也一天天變得更好了。

我們這地方窮，很多人攢大半輩子的錢就為了給自己或子女蓋新房子。相比之下，我們家不僅能得到建房資助，又住上全村最好的房子，真的非常感激無止橋，感激穆老師以及所有幫助我們家的人！

11 留守婦女成社區領袖

　　我叫董俊蓮，大家都叫我董大姐，是馬岔村馬河社一名普普通通的中年農村家庭婦女，今年 50 歲了。我的丈夫是村裏的赤腳醫生，日常不是在醫療室看病人，就是忙於外出看病，很難有時間照顧家事。兒子大學畢業後在幾千里外的新疆打工安家，平時想念兒子了，也沒有人可在旁說說心底話，婆婆尚在，不過已經 80 多歲了。

　　與其他村裏的留守婦女一樣，全家的農活、家務重擔都落在我的肩膀上。我每天大部分時間都用來做農活、照顧老人，幾乎沒有休息的時間。多年勞動使我患上了不少勞損疾病，每年只有在小量下雨和農閒的時候，我才能輕鬆一下。除了偶爾與鄰居聊幾句，看看電視，幾乎沒有任何業餘生活和接觸外面世界的機會，更不會有自己的想法和願望。如果沒有後來的活動中心，我可能會像馬岔村其他農村婦女一樣，就這樣默默無聞、糊裏糊塗過一輩子。

在中心找到自己的「家」

　　三年前，馬岔村民活動中心落成開幕時，無止橋常竹青、錄維維老

師帶領學生志願者組織了一系列與村民聯歡的活動。我和村裏的姐妹們一起去看熱鬧。來自內地一些大城市、香港乃至國外的大學生們，讓我們這些沒見過多少世面的鄉村婆姨眼前一亮。他們年輕，有活力，表演各種有趣的節目，還要邀請我們一起跳廣場舞。但那時我們都很害羞，沒有手機，不知道甚麼是上網，更不知道外面的世界，也不知道廣場舞是甚麼。不過村民們都覺得村民活動中心真是一個好的地方，這裏面很寬敞，很熱鬧，能給大家帶來快樂。

後來，我和姐妹們一有空閒就聚集在活動中心。常老師、錄老師帶領學生志願者繼續教我們跳廣場舞。一開始我們怎麼也學不會，放不開手腳，但是跳了幾次後就覺得很開心，忘記了家裏的煩惱，可以很開心的閒話家常。跳累了，回家睡覺也睡得踏實，身體的勞累和疼痛也消失了。姐妹們都說：「這裏才是我們真正的家。」

成長為婦女領袖

後來，村裏來中心跳舞的婦女也愈來愈多了。為此，我們專門成立了一個婦女舞蹈隊，現在舞蹈隊已經有 40 多名固定成員。婦女們的改變，獲得了家裏人的支持，特別是獲得了男人們的支持。甚至有些男人們也加入了跳舞的隊伍。大家還一致選我當隊長，希望我能帶領大家做更多事。

我成為隊長之後，在無止橋的支持和幫助下，帶領姐妹們在中心學習舞蹈、戲劇、家庭急救知識，甚至走出村莊到周邊村去參加舞蹈比賽，婦女們由此看到了更多外面的世界。中心建成至今超過五年了，每年我

都帶領姐妹們，一起給自己過三八婦女節，以及端午節、重陽節、新年等節日。在節日裏，我們一起烹調食物，一起設計各種有意思的比賽活動，大家覺得活得像個自己了。

村委會也看到了婦女們的作用，還選舉我們幾位骨幹進入了村裏的自管小組，負責村裏的一些公共事務。現在村裏組織的端午節、重陽節和新年等公共活動中，都有了婦女們的身影，特別是今年的元旦，我們還登台演出了秦腔戲。我覺得現在婦女們在村裏的地位也提高了。

我們的舞蹈隊現在不僅能開展很多活動，還能幫忙照顧一些村民家庭，比如義務為村裏的老人祝壽，慶祝村民喬遷新居，甚至幫忙調解村民家裏的矛盾。現在村民們凝聚力比以前強多了，家庭關係也更和諧了。村民們稱讚說：「現在婦女們在村裏能頂多半個天！」

1/ 來中心跳舞的婦女也愈來愈
多了。

2/ 大家選我當隊長,希望我能帶
領大家做更多事。

3/ 元旦時我們登台演出了秦
腔戲。

1/ 村委會也認可婦女們的能力和作用。

2/ 婦女們在村裏的地位也提高了。

3/ 婦女們義務為村裏的老人祝壽。

4/ 婦女們義務為村裏的老人剪髮。

1	2
3	4

12 小小戲台共成心橋

　　過去幾年，伴隨着國家精準扶貧戰略進入脫貧攻堅階段，意味着人行便橋在內地鄉村的需求將會大大減少。同時，鄉村的老齡化、文化傳承等問題開始突顯，鄉村以留守或孤寡老人為主，「一老一少」將是繼脫貧攻堅勝利之後，未來鄉村振興階段面對的主要人羣。

　　在此背景下，結合國家及住建部的相關政策和方向，無止橋正努力從文化保育、鄉土低碳建築、人居環境治理等方向，以共同締造的方式開展鄉村建設，回應偏遠鄉村留守老人及兒童的需求。2017 至 2018 年，機緣巧合之下，我經朋友介紹，了解到在西安附近秦嶺深處清峪內的藍田縣厚鎮清峪，其中青峰村仍然擁有很好的秦腔文化傳承和石頭民居建築特色。這裏人人都會唱戲，秦腔戲班也傳承完整，但是近兩年卻因戲台年久失修成為危房而被迫中斷。由於村裏主要都是留守老人，一時也很難重建戲台。

　　對於無止橋來說，這樣一個有着文化底蘊和社區內生力量的鄉村，是一個非常適合香港內地大學生共同持續開展民生相關活動的理想之地，有了社區自組織 —— 戲班的支援，可以快速建立並維護良好緊密的社區關係，通過共同改造戲台和秦腔文化交流傳承搭建心橋。

十項全能的社區協助者

在藍田戲台項目的推動過程中，首先要對藍田和清峪村的當地歷史、文化、社會、生態脈絡進行評估和了解，學習和掌握農村社區調查方法，並透過關鍵人訪談、生活習俗、文化和自然體驗的場景，協助志願者儘快地進入地方。其次是協作與對話，既需要與項目同事共同促進西建大與理工大兩個團隊的緊密溝通，也要促進無止橋志願者團隊與村委會、村民及施工工匠之間的對話，使得整個過程成為一個具有學習空間的實踐場域。

在這一過程中，既有美好快樂的享受，同時也糾結和痛苦，共同構成了豐滿的鄉村社區工作體驗。每次和志願者們到了清峪村，都會花小半天的時間帶着大家進行社區漫步，介紹這裏風土民情，讓大家感受這裏的獨特的美。每次同學們帶着方案和村民開會討論，村民也積極回饋自己的想法，把戲台當做自己的事情來對待，老師和同學們與村民們圍坐在一起，過程其樂融融。

首個民間戲台意義深重

小小的戲台承載了大家共同的理想，每一塊磚每一塊瓦每一堵牆都有故事。為了尊重村民的意願，香港理工大學無止橋團隊忍痛割愛，放下自己的設計方案，西安建築科技大學無止橋團隊也盡力修改優化自己的方案，將香港理工的方案優點例如「理工大紅磚設計」的特色融入其中。看似是妥協，其實是彼此的交心。

戲台落成，為了給戲台起個好名字，村民、志願者和老師們絞盡腦汁，共徵集戲台名字十幾個，經過多方討論，原計劃命名的最終決定權在村民手裏，但是村民們最後卻堅持選擇了周老師的提議，以示對周老師的感謝。最終戲台被命名為「青峰戲台」。

老團長王叔聽說要重建戲台，便和愛人積極張羅。為了迎接新生的戲台，兩年前臘月就帶着戲班的骨幹們堅持排戲，一直唱到臘月三十晚上，最後卻和愛人因疏忽意外煤氣中毒而雙雙住院半年多，好在無性命之憂。但遺憾的是大腦、肢體和語言多處受損，可能要結束自己的唱戲生涯。戲台施工兩年來，王叔每天坐在戲台對面的商店，盼望戲台早日完工，在大家的鼓勵和激勵下，目前王叔已經基本能夠自由行走和交流了。如果把村民與戲台的故事整理出來，可以寫一本厚厚的書，每個故事令人動容。

去年 10 月，為戲台的落成舉行了隆重的竣工典禮，來自西建大、西交大的志願者向村民學習戲劇，共同登台表演。未來，香港內地的志願者們計劃繼續在清峪村做更多的事情，包括戲台的進一步完善，以戲台為基礎，舉辦節日活動，發揮凝聚村民、服務留守老人的社會功能，讓鄉村有活力，讓村民有歸屬，同時開展兩地的文化交流，讓年輕人學習傳統文化，讓傳統文化傳承下去。相信在未來，清峪村的故事將會更加精彩。

常竹青

常竹青 2016 年加入無止橋慈善基金，在內地協助香港、內地及海外大學團隊到農村開展可持續發展及大學生進村志願者服務項目，當中包括社區設施建造，也有民間傳統文化研究及傳承的工作，是無止橋資深的導師及無止橋慈善基金（香港）北京代表處辦公室主任。擁有在不同國際及民間組織工作經驗，深入農村進行田野調查及社區發展工作，常與村民和地方官員無間合作，作為與社區同行的協助者，常竹青有個人獨特靈敏的眼睛去看社區和發展。

1/ 為了給戲台起個好名字,村民、志願者和老師們絞盡腦汁。

2/ 老團長王叔(左)聽說要重建戲台,便和愛人積極張羅。

3/ 竣工典禮有來自西建大、西交大的志願者向村民學習戲劇,共同登台表演。

4/ 小小的戲台承載了大家共同的理想,每一塊磚每一塊瓦每一堵牆都有故事。

13 藍田記憶

秦腔悠悠，回蕩着民俗的旋律。

兩岸共情，凝聚着大家的力量。

山中戲台，承載了村民的思緒。

在陝西省西安市藍田縣清峪村，一個山清水秀的地方，秦腔在此地生根發芽，代代傳頌。自 2019 年項目成立以來，藍田戲台像一條紐帶，緊緊拴住了香港和內地的學生、老師和村民，它承載了太多的東西，回憶起來，一次次的調研，一次次的村民意見徵集，一次次的方案修改與施工配合都浮現於腦海中。在無止橋成立 15 周年之際，這段經歷承載了更非同尋常的意義。

時光荏苒，2019 年，無止橋慈善基金聯合西安建築科技大學、西安交通大學與香港理工大學的同學一同開啟了這兩年多難忘的時光。記得第一次踏進青峪村時，便對其自然風光與地方特色的傳承有了極大的興趣。我清楚記得，進村路上與李立敏老師的談話：「咱們一定要造出一座適合當地風俗、融合本地風貌、村民們喜歡和好用的戲台。」帶着這三個目的，我們正式開啟了戲台之旅。

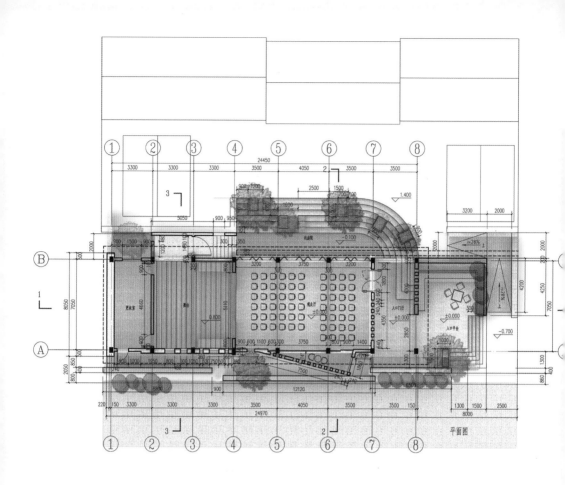

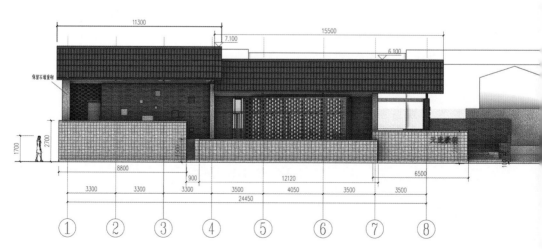

1/2/3/ 一次次的方案修改與施工配合都浮現於腦海中。

從第一次面對村民講解構思與設計流程，期間來來回回幾十次。從第一次村民提出的容納人數和基本要求為出發點，結合了當地的材料特性和房屋形式，團隊基於跌落的坡屋頂和流動的空間進行整合設計，給出了第一版的草圖和設計效果，村民們的認可給予我們很大的鼓舞。經過不斷的調研與村民和戲班的共同協商，2020 年 5 月定稿的那天，應該是大家最興奮和激動的時刻。在這近一年的方案調賬與深化過程中，我們在周鐵鋼教授和李立敏教授的帶領下，最終敲定出了大家現在所看到的方案。

　　後續就是緊鑼密鼓的施工階段了。村民的熱情與支持，對於戲台的建成起到了至關重要的作用，戲班與村民們出工出力，大家一起為戲台奉獻自己的力量，為這次項目增添了更多深情的味道。經歷了反覆的施工推敲與協調，2020 年的初秋，舊戲台迎來了新的生命。拆除工作過程中，舊石材的整理再利用也是對原有建築記憶的一種延續。時間來到 10 月底，此次施工調研記憶猶新。清早出發，到達村口小路時，遠處可見戲台的框架已大致落成，初見的一刻，所有志願者和工作人員對它未來的模樣更加期待，更多的還有這一年來反覆推敲和努力後，它從平面的圖紙一步步躍然眼前的那份激動。第二天頗具當地特色的「上樑儀式」，上樑是建房中最關鍵的一環，是安裝建築物屋頂最高一根樑的過程，樑的兩端掛紅綢，以期望中樑支撐永保建築物之堅實。樑上掛着的鞭炮和紅綢象徵了這一項目的搭建進入了新的重要環節。

初見戲台框架的一刻，所有團隊
成員對它未來的模樣更加期待。

戲班、村民、義工們一起為戲台
奉獻自己的力量。

樑的兩端掛紅綢，以期望中樑支
撐永保建築物之堅實。

伴隨着後續的牆面砌築與多次的施工交流活動，在 2020 年底，這座承載了全體村民與兩岸無止橋成員的「重生戲台」迎來了落成儀式，當戲班子搭台唱戲的那一刻到來時，看到村民們喜笑顏開的面容，我們心中對於這個項目的感情更加複雜了。它已經不僅僅是一個項目，更像一個陪伴了很久的夥伴，是師生的紐帶，也是我們對於戲台、對於秦腔、對於村民的一份牽掛。很榮幸在這個項目中擔任設計與統籌，它的落地預示着無止橋在民生建築承載更明朗更溫暖的未來。

1/「重生戲台」在 2020 年底落成。
2~3/ 戲班子搭台唱戲，村民們笑逐顏開。

2
3

馬　列

馬列是西安建築科技大學建築學院研究生，本科曾擔任西安建築科技大學（西建大）無止橋團隊副統籌，擔任陝西西安藍田清峪村戲台項目的主要建築設計師與及統籌。曾參與多項無止橋相關活動，於甘肅馬岔村和藍田清峪村多次參與調研與施工工作。

14 清峪村戲台的改造

★ **清峪村村委會主任書記譚養年**

清峪村青峰戲台始建於清朝末年，座南向北與清峪廟宇遙相呼應，佔地面積 3.3 畝，文革時期廟宇改做學校、戲台被拆，集資建校時經羣眾多方呼籲將新建七間房中的兩間留做戲台，用於唱戲，因而使這一文化遺產得以傳承。

多年來，青峰戲台從老一輩秦腔愛好者到新一代戲曲熱愛者薪火相傳，為當地羣眾奉獻了一場又一場精彩的文藝節目，受到羣眾的歡迎稱讚。由於戲台年久失修，已成危房。2020 年來自香港的無止橋慈善基金為保護、傳承這一文化遺產，組織西安及香港的大學生義工團隊，通過多次走訪、調研及專業設計，從 2021 年到 2022 年先後投資近 30 萬元建起一座七間嶄新的室內劇場，為羣眾辦了一件大好事。

在此特別要感謝香港無止橋慈善基金、參與設計及指導的周鐵鋼老師和李立敏老師及全體師生，是你們不辭辛苦、任勞任怨，圓滿完成這項工程。你們的善舉為羣眾帶來無限溫暖和快樂，你們的美名流芳百世，你們的功績將永載史冊。

★ 清峪村村民工匠方進平師傅

時值新春，回顧盛夏，別有一番滋味。2020 年的夏天，無止橋慈善基金和參與其中的西建大師生對我村戲台建設作出巨大貢獻。在戲台建設中，建大師生及志願者，在他們身上體現的工匠精神——執著專注、精益求精、一絲不苟、追求卓越，讓我們敬佩。在此，我真摯的感謝全體工作人員對我們的無私奉獻，使我們的鄉村文化更加多彩。

★ 清峪村戲團團長原書記張選民

無止橋全體為我們村修建了戲台，給每個村民都留下了深刻的印象。從開始到現在我們全體村民都表示大力的支持，給我們造福萬代，謝謝你們。

15 柴米小居建造紀

　　琴棋村位於廣西省都安瑤族自治縣龍灣鄉，是國家級貧困村，全村共 1,523 人。琴棋村地理位置偏僻，但風景秀麗，此起彼伏的梯田，三兩房屋點綴其中，讓人感覺恍如隔世。在整個項目的進程中，來自重慶大學和香港高等科技教育學院（THEi）的志願者們在設計初期展開了三次調研，在一次次與村民的溝通中，我們發現琴棋村並沒有一眼看上去那樣單薄，而是有着極其豐富的內在和文化。

　　剛剛落成的琴棋村食堂有一個親切的名字 —— 柴米小居，寓意一個

琴棋村有着極其豐富的內在和文化。

兩層退台的方案設計，務求令建築能融入外部環境。

2

像家一樣溫馨的小食堂。經過與村委關於空間需求的溝通，我們選擇了兩層退台的方案設計，務求令建築能夠以謙讓的態度融入外部環境，又能創造足夠的空間供多人就餐、聚會等日常活動。由於交通、成本、技術等諸多方面的限制，傳統的城市建築設計流程應用在普通的鄉村建造項目中並不經濟。我們在經過實地調研與對本地村民的溝通後，選擇了當地常見的鋼筋混凝土框架結構與斷橋鋁門窗。

向本地智慧學習

在場地調研的過程中，我們發現當地最常用的一種建築材料 —— 空心磚砌塊。在村民和工匠的手中被用作建築的各個部位，可以說，琴棋村人的生活環境與空心磚密不可分，每一種空心磚創新應用都蘊含着本地人的巧思。於是，我們想到將這種智慧以另一種形式應用到食堂建築的設計上，既能充分利用本地材料的優勢，又能體現琴棋村的當地特色。

食堂的建造過程。

由於鄉村基礎設施建設普遍薄弱，新建築的建設不僅服務於建築本身，也起到整理周邊環境，提升基礎設施的作用。在食堂項目中，我們提出設置獨立化糞池和污水處理池的想法，對建築物周邊的基礎設施進行了梳理和優化。由於當地降水頻繁，場地經常大面積積水，設計通過整合村委建築排水系統，並在建築外部矮牆設置多個排水口，解決了這個問題。

可持續的建築系統

可持續不僅是生態與技術上的可持續，更重要的是「人」的可持續。我們經常看到村口長椅上閒聊的老爺爺老奶奶，牆面上塗刷的標語和張貼的告示，以及村民在自家院子內和陽台上精心打理的綠植，這些鄉村公共空間中的特色元素，往往是與村民生活最相關的。建築中一些小型的空間節點，比如入口殘疾人坡道處的公共座椅，冷巷牆面設置的小展廊等，豐富了建築外部空間的趣味與公共性。這些小設計來自鄉村的經驗，

設計模型與實際房屋。

也服務於鄉村。在設計中我們希望能夠將這些元素轉譯並應用到設計中，從而讓新建築被村民所認知和主動使用，如此建築物才不至於因缺乏維護而過快老化，這點在鄉村建築中尤為重要。

柴米小居是一場成功的社會實驗，它驗證了一個跨區域（香港－廣西－重慶－西安－北京）、跨機構（學校－NGO－贊助商－設計院－政府）合作的可能性。在都安食堂建設項目中，我們收到了來自香港 hpa 何設計有限公司、無止橋慈善基金，多任村支書、來自中國礦業大學（北京）第一書記、村民、當地企業家和建設團隊的大力支持。鄉村依然存在大量建設機會，但大部分項目尺度有限，通過我們的實踐，證明了琴棋村食堂的鄉村建築合作模式是可行且有效的。

在公益的目標之下，它很好地發揮了校內學生進行小型方案設計的能力，以村委（客戶）委託的形式，通過專業設計單位對設計進行深化與落地性設計；由熟悉本地情況的施工隊進行建造，並通過多方遠端合作達到監督的目的。我們希望這樣的公益建築模式能夠被進一步推廣開來，應用到中國更廣大的區域中。

尊重鄉村的真實需求

中國的城市化進程依然在穩步發展，從大拆大建的城市擴張，逐步轉向精細化的城市更新。相對而言，城市建設依然會是主流，鄉村建設依然處於起步階段，而中國目前的建築設計法規、流程和標準主要還是面向城市建設而制定的，不能直接照搬應用。考慮到鄉村的多樣性，鄉村建設規範與管理方式也應因地制宜。在今天的中國，鄉村有許多類型，如江

浙發達地區已經實現產業化的小型村鎮，擁有大片肥沃良田或豐富本地資源的鄉村，富有歷史和旅遊價值的古代聚落，以及大量像琴棋村一樣，自然條件一般，資源稟賦一般，地理位置偏僻的「普通鄉村」。

恰恰這些「普通鄉村」是容易被忽視的，卻是最需要更新和扶持的目標。像琴棋村一樣由國家精準扶貧政策對口支持的「普通鄉村」，作為一個地區的扶貧中心，在內部謀求發展的願望與外部政策和經濟力量的激勵下，仍具有很大的發展空間。普通鄉村建築，特別是公益性項目，受限於成本與技術的多重制約，最主要的目標依然是經濟與實用。我們呼籲尊重鄉村的真實需求，尊重本地的設計語言和技術手段，發掘集體智慧中蘊藏的設計機會，在有限的條件限制下創造性地拓展鄉村的生活品質。

高　金

高金是重慶大學無止橋團隊前成員，在無止橋團隊的四年多時間裏，曾參與無止橋 10 周年活動策劃、廣西省都安瑤族自治縣龍灣鄉都安食堂建造項目三次場地調研和主創該食堂項目的方案設計、跟蹤施工圖繪製及正式施工。現就讀麻省理工學院建築學院。

高　博

高博是現任重慶大學無止橋團隊統籌，就讀於重慶大學建築城規學院。在無止橋團隊的五年時間內，協助參與四川省重慶市黔江區白石鄉鳳山村建橋項目的前期基礎施工、無止橋團隊 10 周年活動策劃，及最近幾年組織參與都安食堂建造項目施工圖繪製與現場施工跟進。

16 畢生難忘的文化體驗

作為一個土生土長的中國人，我對中國的了解僅限於我從紀錄片中所看到的。長城的驚人建築壯舉；規模宏偉的兵馬俑；令人驚訝的絲綢之路，我都只能從電視螢光幕對這些驚世建造進行所謂的探索。那裏的文化景觀與我長大的地方形成了鮮明的對比，我從小就為自己國家的傳統感到自豪，並渴望探訪從紀錄片瞥見的地方。

2018 年，我獲由無止橋統籌的體驗學習項目錄取，儘管該計劃主要招募建築和工程專業的學生，但能夠參觀一個我從未去過的省份村莊，這對我而言很是吸引。我很想了解中國農村的村民如何生活，而作為一名醫學生，我也想了解他們對醫療保健的理解與城市地區又有何不同。總的來說，我有一顆開放的心，想接納我所能夠接納的東西。回想起來，我通過這個項目而獲得的，實在遠遠超出了預期。

在馬岔村我們有兩個主要目標。首先是挖一條 500 米長的溝渠，讓水管連接到仍在建設中的新社區大樓。其次，是採訪當地的傳統藝術大師，討論潛在的保護傳統藝術的方法，免致它完全消失。

可敬而又特別的馬岔

馬岔有一個屬於它自己的世界。儘管這片土地狀況不理想，但社區顯然是溫暖和緊密的，而在這片土地上生活的人們，則是十分機智和聰明，令人驚歎。對於追求可持續生活方式的城市居民來說，你只需看看馬岔等村莊，即可獲得靈感。舉一個例子，他們使用麥麩來吸收飯後菜餚中的油，這種方法不僅可以節省用水，而且可以將重複使用的結塊麩皮收集起來，用於農業用途或廚房爐灶。能夠目睹他們透過使用簡單的方法和諧利用可用的資源，這份謙遜的努力真令人着迷。

說到保護傳統方面，我是研究當地舞獅團隊的一員。我們跟隨當地一位年長的村民，前往附近的城鎮，參觀當地的寺廟，並與了解當地舞獅的製作、編織、裝飾和儀式的大師交談。每次來訪時，我都帶着肅然起敬的表情，但隨着我了解得更多，我亦越發帶着一絲悲傷和擔憂。我們拜訪的人都是知識淵博的，但他們總說沒有學徒繼承他們的手藝。與任何非物質文化傳統一樣，如果不能看到它為後代而保存下來，那將是一種恥辱。

要為這次旅程作出總結實在殊不簡單。我以開放的心態投入到這個機會之中，為挑戰做好了準備，最後，比起我微不足道的貢獻，我自覺有太多的獲益。馬岔村的文化沉浸在我的腦海裏，偶爾想起時，那份記憶仍在紅紅燃燒着。與各個新朋友和村民建立的聯繫，皮影戲表演之夜，在無情的夏日乾熱中挖掘數小時後，新鮮蒸甜玉米的甜味併發而出……這些經歷以多種形式豐富了我。雖然這趟馬岔之旅已結束多年，但我所獲得的文化財富卻是根深蒂固的，並加深了我進一步參加體驗式學習和志願服務的嚮往。

1/ 與各個新朋友和村民建立的聯繫，深深印在腦海裏。

2/ 村民使用麥麩來吸收飯後菜餚中的油，富有環保智慧。

3/ 團隊着力保育當地舞獅團隊。

<table>
<tr><td>1</td><td>2</td></tr>
<tr><td colspan="2">3</td></tr>
</table>

黃瑋琛

黃瑋琛（Sammi Wong），香港大學六年級內外全科醫學士（MBBS）。2018年，當時我還是一個大二生，我參加了香港大學的無止橋項目，在北京和西安兩個星期，並在甘肅省馬岔村作義工服務和體驗學習兩星期。雙親是土生土長的中國人，而我則在英國出生和長大，於 2016 年返回香港學習。

17 擴闊視野的奇妙旅程

　　參加這個計劃，我希望透過有意義的活動，擴展大學第一年暑假的視野。當我知道有機會參加無止橋的項目，我便立刻決定報名。因為可以從中體驗到在中國內地城市和村莊的生活。北京和西安的旅程令我更了解中國的文化和歷史；而在馬岔村的體驗，讓我感受到農村的簡樸生活。最重要的是明白到自己在項目中想實踐的目標。身為一名有冒險精神的人，我希望探究中國，所以我計劃了想在中國到訪的地方，同一時間，聆聽項目老師的指導。在西安交通大學參加講課，讓我了解到中國文化和歷史的發展。我也跟參加項目的其他同學成為了朋友，一起探索中國。

地方智慧助大學生思考

　　在馬岔村的生活很簡單但有趣。我學習到夯土技術，並且參與不同的社區項目，例如安裝太陽能發電板，挖排水溝，以及利用夯土技術興建房屋。雖然過程很辛苦，卻十分充實。我為自己感到驕傲。在傍晚時分，我在農田散步，欣賞到美麗的景色，馬岔村的日落是我見過最美的風景。

晚上的時候，我可以在夜空中看到很美的星星，我更參與到月亮升起時的設置。農村的生活既樸素，又很有意義。

我覺得農村裏值得我們學習的智慧就是適應能力。農村是一個自給自足的地方，雖然距離大城市很遠，但村民仍然可以利用資源滿足自己的需求，以適應不同的情況和天氣變化。基於許多現代建築物料都不容易在當地獲取，村內許多建築都是使用夯土技術。這技術的特性是可以促進房屋的空氣流通，所以村內的房屋是冬暖夏涼。另外一個展現村民的適應能力，就是他們利用麥麩清洗碗碟，而不是利用水，因為水資源在當地十分稀有。總括來說，這是一個很奇妙的旅程，能夠學習到更多中國文化，認識新朋友和擴闊視野。我十分推薦這個計劃，當中的經歷會令你畢生難忘。

顏志偉

顏志偉（Alexander）是來自馬來西亞的華人，現就讀香港大學經濟及工商管理學院第四年學士學位，主修量化金融學。早於 2019 年暑假，他報名參加了香港大學無止橋體驗學習課程，他來港不僅希望豐富自己在金融市場的知識和經驗，也希望認識和體驗中國內地的民生、歷史、文化和農村生活各方面。在這個為期四周的課程中，第一周先到達首都北京，後到古都西安，最後兩周遠赴位於甘肅省黃土高原地帶的馬岔村開展實施農村民生改善項目。他很享受與同學及村民一起探索中國的時光，不只豐富了人生履歷，也贏得來自各地區寶貴的友誼。

村內許多建築都是使用夯土技術。

馬岔村有美麗的景色。

在農村生活的種種記憶都令人難忘。

這次不只豐富了人生履歷，也贏得來自各地區寶貴的友誼。

1	2
3	4

18 另類的學習環境

疫情之下能參與課外活動的種類並不多。機緣巧合之下，接觸到梅子林的鄉村復修活動，作為一位建築系的學生，能夠有機會接觸本地具歷史文化的客家村是一個難能可貴的機會。無論是以前村民生活的習慣、村落建築文化及物料，甚至是村的整體佈局，這些都是課堂上未必能夠接觸到的。

我由 2021 年初開始參與活動，還記得當初的工作是協助村長在老屋尋找舊時的生活用品作記錄及研究。由於老屋已有過百年的歷史，剛到達時只見頹垣敗瓦，挖掘的過程中並不是想像簡單，屋頂瓦片散落一地，周遭的土牆經過風吹雨打倒塌於地上，並與瓦片混成一體，清理時相當困難。但經過各義工的努力後，發現村長舊時的生活用品，當中包括農作用的工具和電視劇出現的青花瓷碗，感覺相當不真實。

第一次接觸除草

隨着參與的次數增多，我們開始投入到鄉村的日常工作，例如為村裏的果樹施肥。由於梅子林尚保留着當年的梯田設計，村長也不想浪費，

於是在梯田上種植了不少的果樹。另外我們還協助除草的工作，相信大部分人在市區生活都未必能夠接觸除草機或無此需要，包括我自己也是第一次接觸。經村民的協助，我學會了如何使用並幫忙完成這項工作。還有協助村民維修村內的設施或用具，例如利用大自然的物料製造簡單的護欄。對於我來說，梅子林就是一個能給予你無限機會，並可以嘗試新事物的地方。加上每一次能夠接觸的義工和村民都有所不同，他們大部分的人生閱歷都比我豐富，除了能夠學會新的技能外，還可以在休息時間互相閒聊，聆聽他們的故事。

最難忘的一次經驗應該是來自參與村內的另一項計劃：協助建設嫂仔廚房。嫂仔是村民之一，而這項計劃是希望利用嫂仔的舊屋化身成一個廚房，並在旁邊建立一個能夠聯誼的平台。印象之所以深刻，是因為由設計到工程部分我都能夠參與其中，將所讀的知識應用到生活之中，幫助村民設計廚房，製作平面圖和預視圖，向村民講解設計理念並因應村民的要求修改設計，這樣的機會實在是十分難得。然後與一眾義工將堆積如山的泥土化為平地，並保留舊屋原有的佈局，對我而言，好像是要把一個設計在現實中落成的過程。

雖然因為疫情而暫時停工，但在停工之前也體會到了興建特色水泥地板的過程，當中更有不少專業人士從旁協助，令過程進行得相當順利。其次是我與嫂仔的關係，嫂仔對每位義工都相當體貼，不時提醒我們要停下來休息，經常為大家製作消暑飲品，感覺就像一位愛錫孫子的老人家。我們更舉辦過兩日一夜的工作營，義工們早上進行水泥地工作，晚上和村民一起燒烤，十分難忘的一個晚上。

參與這個活動後，我感到獲益良多！但這種多並不是指技能上或知

識上，而是心靈上。每一次參與活動我都把手機放在書包內，一來是方便工作，二來是為了好好享受身處大自然的感覺，三來是當我有學業上的煩惱，在假日能夠專注只做一件事而放空腦袋，也能夠為我減壓。而因為這次的活動令我認識了不少新朋友，我們更會相約外出和爬山。感謝無止橋給我這次參與活動的機會，同時感謝各位義工讓我有一個美滿的經歷。

王子浩
王子浩為香港珠海學院無止橋團隊成員，珠海學院建築系四年級學生。2021年全年持續參與無止橋於梅子林的義工服務。

無止橋團隊義工在梅子林合照。

義工參與興建特色水泥地板。

在梅子林利用大自然的物料製造簡單的護欄。

一眾義工與梅子林村民交流，關係良好。

1	2
3	4

19 土房修復拉近文化距離

　　剛剛加入團隊的時候，南湧的土房修復計劃正在進行。身為一個新成員，自然想要增加對無止橋的了解，於是報名參加。客觀來說，在就讀網絡大學的一年裏面我因此難得地結交了很多來自不同背景的新朋友，對於與新朋友相處也增加了經驗。此外亦學到了很多新事物，包括但不限於拼裝橋體、城市急救、農耕知識和竹藝建築，無限豐富了我的課餘生活。我自己也覺得探索城市的角落和邊緣是一種有趣的事情，其中或藏有香港真正的價值所在，這些都成為促使我繼續報名參加的理由。

　　實際的服務與我想像中稍有不同，原先誤以為來自不同院校的參加者會各自抱團，但其實每位同學甚至到活動負責人都非常隨和。活動中我們身為建築和土木學系的學生，能跳出書本，一同了解過去的建築方法。例如幫手清理爛泥頭的時候，使用傳統農具；修復土廚房時，親手製作泥磚。另一方面，我也曾質疑，像這樣翻新客家村落，除了能供人感受田園氣息，放鬆心情，其它現代意義何在。

修復鄉村作文化保育

在和村民及有心義工交流的時候發現，角落裏面的鄉郊和農田也是城市名片的一部分。從被黃土埋藏的客家日常古物，到村民們的日常相處，這些都曾是香港開埠初期的日常。我們在參與時還可以聽到口述歷史，例如如何用蘋婆樹的果實製作玩具。這讓我覺得鄉村修復其實是文化保育的一部分。村落文化本就有團結宗族的特色，居於鋼筋鳥籠的城市人可能正需要一種這樣的開放空間來增加交流，從而拉近彼此的距離，澄清不必要而導致分歧的誤解，又或是傳達一些為世界帶來改變的理念。

印象中最深刻的片段，很多都關於梅子林服務某一次的午休。大家坐在假蘋婆樹下，聽長春社的義工為我們分享周邊生態和環保理念；有時又會聚在故事館側前方的三角形木台處午餐，分享彼此的生活，另外又有村民們盛情難卻的招呼。這個平台難得地匯集了老中青幾代人，同席而坐。

無止橋的本地活動，時常令人覺得自己在參與一個離城市生活很遙遠的事情。由竹藝工作坊，我了解到南涌的負責人阿樂。他離開香港，先後在不同國家參與過各項建築項目，最後選擇回歸田野，為一個復耕基地修復土廚房，就像一個在古時隱於江湖、精益求精的工匠。他讓人印象深刻，給人感覺人理應回歸自然，聽從自己的身體反應和內心。其人生哲理會令我覺得，從心地行動雖然未必能令自己在物質上得到很多，但是精神世界卻會變得豁然開朗。這令人反思日常生活中，我們為了學業和工作奔忙，常不顧身體地在無數個深夜埋首伏案，卻不肯定自己的奮鬥是否能夠達到期望的成就。相比起阿樂，總會有種終日營營役役而不知所

為何事的感覺，從而開始思考人生是否能夠不僅限制於學業和事業上的追求。

回顧上一年所參與的本地活動，期望到來的一年也能繼續拓展見聞，結交好友，盡一份微力。希望能在不久的將來等到港澳通關，真正參與到無止橋的項目，認識更多朋友和付出行動地幫到有需要的人。同時亦祝願無止橋能夠愈辦愈好！

馮　萱

馮萱是 2021 年加入科大團隊的土木工程系學生，參與過梅子林的舊廚房清理、工作營。南涌方面，參加過土牆修復、竹藝工作坊、農務活動。另外亦有參加拼裝貝雷橋、電工訓練、急救訓練等工作坊。

1/ 難得地匯集了老中青幾代人同席而坐,分享生活。

2/ 整理被黃土埋藏的客家日常古物,也是整理香港開埠初期的歷史。

3/ 同心協力,用原始材料修復村民生活空間。

4/ 期望來年也能繼續拓展見聞,結交好友。

1	2
3	4

第 三 章

人與天地關係密切，天地人和，即是將人置於天地之間，遵循天地的規律，與天地萬物和諧相處；這不單只是一種思想，更應該是一種境界。我們應曉得，人是可以向天地學習的。地大物博，人的心胸就應該開闊；天高雲白，人便應該讓自己保有一顆純潔的心。

人生於世，少不免會遇上別人，容或性情有別、背景有異，但總得要學會容納和接受他人，如此方可成就更多，看得更遠。無止橋強調「心橋」，所說的就是人心與人心的相連。

關於「人」，我們總有說不完的故事……

01　心路　·　心橋　·　心願

　　時光荏苒，如白駒過隙。再次提筆，發現離上一次為無止橋紀念文集撰稿已過去 10 年之久。10 年前，我是以學生志願者的身份記錄建橋感受，而如今，我已是執教八年、鬢生白髮的老師了。然而不變的是，我依舊是一名心繫鄉村的無止橋志願者。我的志願生涯始於 2010 年，當時是清華無止橋團隊的一員，和同樣即將迎來百年校慶的香港大學無止橋團隊合作，在雲南省永勝縣的仙源村開啟了「清華港大百年校慶無止橋」的項目。

　　這段為期一年的經歷，成為了我人生中十分重要的一段時光，我不僅第一次主持完成了一個實際項目，經歷從策劃到建成的全部過程，收穫了很多份持續至今的深厚友誼。我深深地被這方土地所吸引，在項目結束後選擇雲南作為博士論文的田野點，走上了鄉土建築研究的道路。正因在志願工作中受益匪淺，畢業工作之後，我又聯繫基金會，在執教的北京交通大學成立了無止橋團隊，希望更多的大學生可以從中有所收穫和成長。

水源地村落的「榮譽村民」

北交大無止橋團隊成立後，我在 2017 年夏季接到了一個特別的設計項目委託。聯合國觀察員組織、世界自然保護聯盟（IUCN）將河北省豐寧縣的小窩鋪村列入了「大都市飲用水源地可持續保護項目」。他們希望能請到一支設計團隊，把村中廢棄的小學改造為一個環境教育中心，作為水源地保護的公眾教育場所。我徵求了無止橋慈善基金與 IUCN 雙方的同意，將這個項目同時立項為北交大無止橋團隊的項目，就此開始了在這個村莊五年的社區營造工作。

在工作過程中，我們深刻地認識到這個項目規模雖小，但卻有着多重身份和定位。一方面，這裏是一個社區中心，為村民設宴、觀戲、集會提供場所；另一方面，這裏是首都水源地村落的公益機構，向公眾提供環境教育，同時，這裏還是大學生的鄉村建設實踐基地。這多重定位的達成，絕非一朝一夕可以完成；於是，我們進一步提出了一個核心理念——建築作為社會過程。我們的工作不僅僅是完成一個物質空間的建設，而是藉由這個建設的過程，推動一個更好的鄉村社區的營造。進而，項目的組織模式呈現出了一些有趣的特點。

首先，作為一個多方參與的項目，我們力求所有的參與方的需求和理念都能得到考慮和體現。其次，我們充分考慮到村民和大學生這兩大主要人羣的特點：村民有農忙、農閒的時間周期，大學生有學期、假期的時間周期，所以項目結合雙方的時間，分散在一年中的不同時段逐步推進。第三，我們的項目採用了建設和使用滾動交織的模式，蓋一點、用一點。每次建設過程給村民帶來的積極影響，都會反過來促進下一次的建

1
—
3
—
5

我在清華港大百年校慶無止橋施工留影。

3/ 廢棄小學室外改造（2017）

5/ 社區廚房改造（2018~2019）

2019

2020

202

1/ 公共取水點改造（2018~2019）

2-3/ 乾柴溝村民廣場興建（2020~2021）

<table>
<tr><td></td><td>1</td></tr>
<tr><td>2</td><td>3</td></tr>
</table>

設更加順利進行。在這種工作模式下，五年間，我們不僅改造了學校，還修繕了露天戲台、建設了社區廚房等。而在這個過程中，大學生志願者愈來愈深入地融入了社區的人情網路，成為了小窩鋪的「榮譽村民」。

潤物或無聲，育人但無止

如今，我們的團隊已經在村莊裏工作了五年。200餘名志願者的付出都得到了村民們的肯定，也獲得廣泛的社會認可。不過作為一名教師，我最關心的還是同學們的成長。至今還記得在10餘年前的清華港大無止橋竣工典禮上，鍾逸傑爵士告訴大家，同學們應該感謝鄉村，因為鄉村教會了大家太多東西。希望小窩鋪這個小小的實踐基地，也可以像當年的仙源村之我一樣，在這一代同學們的心裏播下一點點包容、務實、奉獻的火種。如果所有在這裏留下過足跡的同學們，都能更加了解真實的鄉村生活，更加認識到這個世界的多樣性，還能增加一些對於志願工作的熱愛，那麼我們所有人就都不虛此行了。

潘　曦

潘曦為北京交通大學副教授、清華大學建築學學士及博士、哈佛大學訪問學者。兼任中國建築學會民居建築學術委員會委員、國際古跡遺址理事會（ICOMOS）會員、國際建築師協會（UIA）「遺產與文化認同」委員會委員等職，獲評北京市社科基金青年學術帶頭人。獲2020/2021ADA年度亞洲設計大獎、2017/2018WA中國建築獎等獎項。自從2010年第一次參與無止橋在雲南建橋的義工活動後，一直緣繫心橋，心願讓更多師弟師妹體驗鄉村及人生，以導師身份推動開始位於河北省承德市豐甯滿族自治縣湯河鄉的無止橋小窩鋪村項目，帶領北交大及各院校無止橋團隊體驗鄉村、體驗人生。

1/ IUCN 在村內開展自然保護講座。

2/ 志願者與村民共同施工。

3/ 項目參展北京國際設計周。

4/ 小窩鋪村項目環教中心廚房主體施工期間廚房合照。

1
───
2 3

02 我的小窩鋪行記

　　對於無止橋，我一直戲稱自己「離開了但又沒完全離開」，以至於從沒想過要把其中的經歷以及對它的感情作一番總結陳詞。直到接到基金項目同事林林哥的邀請，我才猛然發現，原來已經加入這個團隊快五年了。從一開始的新手志願者，到後來可以獨當一面的統籌，再到繼續發揮餘熱的顧問，在無止橋團隊我不僅結識了一輩為鄉村助力的志同道合和良師益友，更完成了一段充實自我成長的人生旅途。

2017 年恰逢團隊舉辦 10 年成果展，我被相熟的學長叫去幫忙貼展板，這是我第一次認識無止橋，也為我之後的選擇埋下了種子。這年我大二，也是最迷茫的一年，剛進入建築學的我正在被各種專業名詞和概念包圍，沒有動手實踐的機會，我問自己：「真的能學好這個嗎？」「學這些深奧理論的意義在哪裏？」而無止橋的出現給了我另一種選擇，那就是走向實際，真真切切的為人們所處的環境做一些改變。第一次進村調研，緊張得前一晚都沒睡好覺，生怕自己遺漏了甚麼，又怕自己不能妥當地完成任務。但當我們第一晚圍爐開會時，我發現我好像比想像中更快地融入了大家，調研之餘還會和村民以及其他志願者嘮家常。

為着一個共同目標

後來的一切都是那麼水到渠成。我們和村民在一次次調研和節日活動中彼此熟悉，他們給我最大的感受就是，只要你用心付出，用心對待，村民們也會給予同樣的友善和理解。當 7 月主體施工正式開始的時候，我已經和小窩鋪村這個地方建立了深厚的感情。那七天，我們每天迎着朝陽起床，在鮮花簇擁的花壇中央集體早操，然後各自歸隊開始一天的工作。

東水泉子取水節點、環教中心廚房、標間三個主要施工點幹得如火如荼，民生和機動組也在任務之餘見縫插針地說明施工，策宣更是不捨晝夜，拍攝出圖宣傳，所有人都為着一個共同的目標而努力。當村民們合力幫忙將最後的兩塊青石水槽抬上東水泉子取水台上時，我看到所有人臉上洋溢的喜悅，從沒有哪一刻比此刻大家的笑臉更令人幸福。這不僅是一期工程的結束，更是小窩鋪民生改造新的起點。

2018 年底，小窩鋪村測繪調研 —— 河道溯源。

2019 年，小窩鋪村第一次調研兼三八婦女節活動。

我們為村建東水泉子取水節點，施工完成大家臉上掛滿笑容。

2019 年，小窩鋪村暑期主體施工之環教中心廚房的過程。

1	2
3	4

項目非天天順風順水

我可能是經歷比較特殊的一任統籌，前腳剛結束歡樂臘八節，後腳就因為疫情被迫取消新一年的調研及施工。疫情給我們的工作模式帶來了很大的挑戰，一是沒有足夠的實地調研，我們的方案和設想更改起來像是紙上談兵。二是團隊的傳承問題，沒有實地參與過的成員，在應對一些實際問題的時候可能需要更多時間去摸索。三是交流問題，線下活動始終更容易拉近人與人之間的距離。但我們的工作卻並沒有因為疫情而停擺，我們一邊和村內保持聯繫，做着去實地調研的準備，一邊組織線上學習、分享和方案推進。在統籌工作交接後，我依然和新團隊保持緊密聯繫。

現在的我已從北交大畢業，在同濟大學繼續攻讀中國建築史方向的碩士研究生，而這個方向，也是基於我在無止橋的工作之後選擇的，我希望能夠通過研究保護中國燦爛的民居，為鄉村注入新的活力。不管是志願者還是統籌，在無止橋的這段經歷塑造了我，讓我和村民以及其他志願者建立了美好的友誼，也讓我學會如何妥善的安排一件事，做到有始有終。我想，如果同濟無止橋團隊施工招募志願者，我也一定會繼續報名參加。

周　超

周超為北京交通大學無止橋 2019~2020 年團隊統籌，現就讀於同濟大學。2018 年加入北京交通大學無止橋團隊設計組，參與 2018~2019 年度小窩鋪村項目東水泉子取水節點方案設計，於 2019 年 7 月參與主體施工並完成。同年參與無止橋香港年會並於 2019 年 10 月參與北京設計周「白塔寺再生計劃 —— 小窩鋪社區營造」主題策展及展出。

03 小窩鋪帶來的人生意義

　　每一次參加無止橋的項目都十分開心，因為每次的項目都會認識到不同的人，看見不一樣的風景，了解到不一樣的文化，擴充自己的見識。通過策劃和實施方案，建築一些民生設施和基礎建設來幫助當地村民，使他們的生活更加方便和安全，這也是我參與無止橋項目的其中一個目的。

　　我曾經去過小窩鋪三次，有兩次是調研，一次主體施工。小窩鋪也是我第一次統籌的一個項目，從策劃到實施方案的整個過程，我都參與其中，所以這個項目對我來說是十分有意義的，我也從中學到了很多，包括學會領導小組活動，也讓我在待人接物上有所進步，更加主動去與不同人交流。

　　第一次去小窩鋪，是 2019 年的冬天，那是我第一次看見結冰的河流，第一次睡火炕，所有的事物都我來說都是新奇的。在調研中，我主要負責的是家訪，透過訪問不同的村民，除了可以了解他們的生活需求，更能了解到小窩鋪村的歷史文化，從而策劃不同的活動和改善施工設計。在和他們的交流中，也了解到他們不同的艱難和需求。例如很多村民身體不太好，需要長期服藥，可是村內沒有完善的醫療設施和專業醫護人員，村民們只能在衛生局配藥吃，想看專醫就只能到路途遙遠的城裏。這

也更加體現了城市和農村的區別，也讓我覺得現在享有的一切都不是必然的，所以要更加珍惜現在擁有的。

做項目有如農夫耕種

而令我印象最深刻的，還是主體施工的時候，因為從調研的時候策劃、完善，到最後實施方案，就像是農夫辛苦耕種，最後豐收的感覺，過程十分有成就感。而且那是我第一次作為其中一個施工組的組長，帶領隊員們把小窩鋪活動中心的兩間雜物房改造成標間。七天的時間改造兩間標間，時間十分緊迫，經過大家的努力，甚至不惜「加班」也要趕進度把標間做好。雖然也經歷過一些困難，例如新舊材料的碰撞顯得十分突兀而且有空隙，但經過和成員還有師傅一齊商量，最終也解決了填補空隙的物料。從這件事中，我學懂準備一個方案時需要思考得仔細，才能盡可能把方案較好的呈現。

回顧整個項目，和成員們一起策劃完善項目方案，招募成員到開始工程，和組員們一起趕進度、處理問題，最後成果出來；看着這麼多天的努力，實在是十分感動。除了工程的進展，更多的是和不同人的交流相處，大家互相鼓勵和幫助，從零到整個項目的實現。小窩鋪不單單只是一個項目，更是一份責任，是我成長的道路。雖然項目有完結的一天，但人與人之間的情感是不會斷的。還記得項目完結後，過了很長的一段時間，還有村裏的小朋友聯繫我，說很想念我們在村裏的時光，我才恍然覺得，雖然項目不大，時間不長，可帶給他們的影響真的很大，也讓我更加體會到無止橋活動的意義。

項目雖然會完結，人與人之情感仍會無止境成長。

周雯卿

周雯卿（Winky）是 Thei 測量學的畢業生，在大一的時候加入了 Thei 無止橋團隊，是核心成員和統籌，曾參與過不少無止橋項目，其中包括甘肅馬岔村、河北小窩鋪村和廣西都安食堂的項目調研和主體施工。畢業後也有參與一些無止橋在香港舉行的義工活動。

1/ 2019 年第一次小窩鋪調研，第一次看見結冰的河流。

2/ 在無止橋的項目過程中，你會看見與城市不一樣的風景。

3/ 隊員和師傅一齊解決主體施工遇到的問題。

調研時需要訪問不同的村民，了解他們的生活需求，也能認識到歷史文化。

隊員們把小窩鋪活動中心的雜物房改造成標間。

小窩鋪活動中心的標間改造完成的成果。

<table>
<tr><td>1</td><td></td><td>2</td></tr>
<tr><td>3</td><td>4</td><td>5</td><td>6</td></tr>
</table>

04 倍添多看世界的動力

　　小時候我在廣東的農村裏生活，後來到了香港唸書。唸到了大三時候我才忽然發現我甚麼地方都沒有去過，甚麼也沒見識過。我跟着香港的團隊，坐飛機到了北京首都國家機場再轉大巴，沿着明暗的山路，我們駛進了小窩鋪村。這條村跟我老家不一樣，平坦而線性，兩旁就是住宅，再出一點便是山河景色了。在大巴駛進環教中心大本營時，就有很多可愛的小朋友來迎接我們。

　　在村裏，最初我被安排了一個比較輕鬆的文職崗位，後來大伙發現我的個子比較高大後，被調到在河邊工作的「東水泉子組」。我們在河上建一個取水點，要篩沙、攪混凝土、搭台、砌磚堆瓦……老實說，那一個星期的勞動是辛苦的，然而每天工作完後，看着自己一手一腳有份建設的成果，得到一種在城市裏面看着電腦得不到的快樂。這種快樂很實在，又很純樸。

我是活着和存在的

在城市裏我們瞻前顧後，想着遙遠的事情，每天都是期望和失望。

在小窩鋪村，你相信嗎？在這裏時間真的過得較慢。我們在河邊揮灑了一整天的汗水，天還是亮住的。我在貫穿小窩鋪村的那條路，每天和伙伴們在這條路上來來回回，從環境教育中心大本營到河邊，從汪阿姨的「飯堂」到我們留宿的院子，走過村裏的每間小屋，那一周裏這就是我世界的全部。而我每次走着，都發現大自然跟我很靠近，有一種處於天地之間的存在感。此刻我是活着的。

村裏的設備不像我們習慣的唾手可得，不是每戶都有衛浴設備，有時要去環境教育中心附近的公共旱廁解決，也要習慣好幾天才洗一次澡。這也讓我們反思如何去改善大家的生活條件。有天村裏的小朋友小胖帶我們去釣魚，我們跨過溪澗，躺在岩石上午休，享受忙裏偷閒中的寫意。如果我們能讓小窩鋪村更宜居，將來會有更多小朋友可以回家來享受這種童真。

年少給我勇氣多好

村民的支持令我們很鼓舞，每天我們都去汪姨家吃飯、聊天。她們幫我們燒飯，我們得洗碗。另外一家在河邊的小院，是我跟幾位男生睡覺的地方，阿姨對我們很熱情，她的丈夫說話不方便，但還是很雀躍地跟我們打招呼示意；有天晚上他們的兒女回來了，在月亮底下跟我們聊天。村裏的小朋友尤其可愛，常嘻嘻哈哈來逗我們玩。他們在我的記事本裏寫下了名字，還記下自己的民族，有滿族的、布依族的……阿姨們跳舞可厲害了，我們男生一直學也學不了。至今我還會在汪姨的微信羣留意着村裏的動態呢。

我很想念那班來自北京交通大學和西安建築科技大學的同學們。還記得在南京大排檔初次見面，大家都還很害羞。在小窩鋪村的第一晚破冰活動上，我都沒記住大家的名字，但大伙都很有趣，我已經很喜歡大家了。離開的時候彼此都捨不得，而大家在北京解散後，我沒有跟香港的團隊回家，按照計劃在各省冒險。我相信是小窩鋪村的經歷一直推動着我能渴望多看世界，了解各地各人各事。有些同學在我路過他們老家時熱情地招待我了，我給大家都發了明信片，希望大家都收到。

　　希望某天我們能再相見吧。

　　回港後，我依然參與無止橋的義工服務活動，周末到香港的郊區協助村落農耕及復修工作，認識新舊無止橋義工朋友，謝謝無止橋，謝謝大家，給我一個難忘的夏天和人生探索旅程。

馮曉東

馮曉東是 2019 年河北省小窩鋪項目的義工。當年正準備要「裸辭」去看看世界，獲已經參與了兩年小窩鋪項目的大學本科同學梁嘉豪（Anthony）邀請參加義工服務。

在那條貫穿小窩鋪村的路,每次走着都會發現跟大自然很靠近。

小窩鋪村「東水泉子組」的工作包括篩沙、攪混凝土、搭台和砌磚堆瓦等。

小窩鋪村項目給了馮曉東勇氣在各省冒險。

在小窩鋪村的晚上團隊成員會有破冰和交流活動,促進友誼與合作。

同舟共濟的一周項目工程裏,大家歡聲笑語。

小窩鋪村裏的可愛小朋友,常嘻嘻哈哈來逗我們玩。

1	2
3	4
5	6

05 小窩鋪的快樂時光

★ 小窩鋪村村支部書記張蘇利

提到無止橋的志願者們，我們這個村的村民都知道，保護水源、垃圾治理、綠色環保，就是他們最先帶給我們的理念。志願者師生們給我們培訓講課，到村民家座談，為我們修廣場，建活動中心，植樹造林。這些公益活動推動着我村的經濟發展，影響着村民的思想觀念。我們信任這些來自北京及香港的年輕志願者們，村民們喜歡他們，因為他們帶給我們的是知識，是愛心，是進步！

★ 村民邊大姐

真的非常感謝你們能來舉辦這些活動，給我們帶來了太多的快樂，我們能在一起隨心所欲地玩耍，以後也一定會多多支持舉辦這樣的活動。

★ 村民李大嫂

自從無止橋的志願者們來到我們村，村裏的變化可大了，環境乾淨、美麗了，大人、孩子也有地方玩了。我們特別開心！謝謝你們！謝謝！

★ 村民汪姨

無止橋從 2018 年開始在河北小窩鋪村進行民生改善項目，汪姨家正位於無止橋援建的村民中心的不遠處。阿姨姓汪，所以學生開始叫她汪姨。汪姨一開始不太擅於與外來的學生打交道，但每次學生到村，汪姨以行動來表達她的情感，開放家門邀請學生進來喝茶聊天賞花，逐步更開放她的家，為學生準備飯菜及牀鋪讓他們晚上歇息，協助志願者們解決各種生活所需。幾年後的今日，汪姨已與來自各地的大學生打成一片，不見時以手機留言通話談生活，分享社區的故事，成親友般密切。汪姨更在社區活動中，積極協助組織活動，照顧鄰里，慢慢轉變成為了社區志願者的角色。

那年秋天，我出門來到戲台底下，然後來了幾個年輕人，他們用着無人機看着廢棄的小學上空，之後通過我們的交流漸漸的熟悉起來。

他們大多數是來自北京的大學生，來到我們村小窩鋪後，知道我姓汪，便開始叫我汪姨。他們一個個充滿着活力，讓我看到了年前時的自己。他們一開始就對村裏廢棄的學校進行了改造，清除了裏面的雜草，把多年未用的房子進行了裝修，刷上亮白的牆壁。而且這羣孩子在院子裏種下了美麗的鮮花，一眼看去煥然一新，從此這個新「學校」便成為了

全村人的活動中心了。除了翻修小學，他們又對村子東邊的水泉進行了裝修，把單向的水泉改成了有台子，有排水孔，可以多個人一起使用的水泉，這樣方便了好多，給村子帶來巨大的便利。他們為村子做出了巨大貢獻，這羣孩子用自己的費用給村子建設了娛樂場所，並且把學校作為公共的廚房，村裏的紅白事情都可以去那裏辦。

這羣孩子在我們家裏住，一個個孩子青春開朗，給我添了許多的快樂，我這個汪姨也成為了孩子們的「團寵」，孩子們跟我講他們的經歷和趣事，留下了許多的禮物，他們的到來給我的生活添加了許多的色彩，讓村子充滿活力。我對這羣孩子有了感情，有點想這些孩子了。我想對這些孩子說聲謝謝，謝謝你們。

★ 小窩鋪村婦女主任李登會

我很幸運結識了來自香港和北京的無止橋的師生們，他們用知識和汗水贏得了老百姓的信任，這些志願者們不僅給村裏帶來了生計，更是讓村子有了生機，充滿活力，教會了村裏的家庭婦女提升自我的道理。

我最難忘的，就是和他們一起度過的三八婦女節、端午節和臘八節。要知道，這之前我們從來沒組織過這種活動，這些活動讓我們婦女有了凝聚力，有了集體感，找到了展現自身的平台。他們還教會了村裏許多人使用微信聊天，刷抖音快手，學會電商知識。無止橋志願者的付出，給小窩鋪的女士帶來了難以忘懷的快樂，讓我們久久回味，他們離開的時候我們有許多不捨，孩子們會追着載着哥哥姐姐們的車揮着手，眼裏閃着淚光。小窩鋪永遠為你們點讚！我們永遠是朋友，永遠互相牽掛，盼着再相聚。

志願者帶領村民組織活動。

志願者在院子裏種下了美麗的鮮花，這裏成了全村人的活動中心。

無止橋志願者的付出，給小窩鋪的女士帶來了難以忘懷的快樂。

1

2　　3

06 我與無止橋在謝家村

　　2015 年我入讀大學，在香港大學建築學院修讀建築保育。那些年港大無止橋的活動單張在建築學院和工程學院之間流傳。一日，友人邀我一同報名無止橋，我們都成功加入了。其後她因學業壓力慢慢淡出，我留了下來，見證港大無止橋團隊在貴州謝家村的兩度建橋。

　　和大學大部分義工社團的計劃不同，無止橋的計劃一旦開展就持續一整個學年。從大概學期初啟動計劃起，會經歷頗冗長的前期準備，一直到暑假的時候，才會迎來最終的建橋之旅。過程中充滿各種不確定性，也許項目中途會遭遇腰斬，也許成員在冗長的前期準備工作中找不到成就感和意義，選擇慢慢淡出社團；也許由於缺乏經驗和對村子的深入了解，團隊花了數月設計的民生項目最後沒能被取用，因此每經歷完一整個項目都像坐了一趟過山車。幸運的是，在諸多不確定中，在港大無止橋團隊那兩年裏遇見的好夥伴，以及合作的學校團隊始終選擇共同進退。基金會也很願意給年輕的我們不斷試錯的機會。因此每一次項目結束時，那份喜悅感和成就感更甚。

我與謝家村的緣分

團隊兩度在謝家村開展計劃，讓我與這個千里之外的小村莊結緣。在那裏我遇見了善良友好的村長、勤奮有愛的廚娘、害羞樸實的建築小哥、好奇又怕羞的學生們，以及和我很有緣分的一個小女孩，她叫謝夢雪。貴州對我來說是一個遙遠和陌生的省份。2016年的3、4月，我初次到訪那裏。謝家村坐落在畢節市，是一個從貴陽機場出來以後還要開車十多小時才到達的村落。村子大，村民散居在各處。繁星點綴的星空和謝家村的人共同組成了我心中難忘的謝家村。

可喜的是，次年再去的時候，通往謝家村的公路已經鋪上混凝土。而第一次調研探訪的一個特困家庭，也從屋頂破漏的舊屋遷到了政府給她家新建的房子。謝夢雪，這個與我有緣的女孩正是來自這個家庭。初次調研時，從村長口中我們得知九歲的她與年近八旬的奶奶相依為命，爸爸得病終日臥床。

香港女孩與農村女孩初見

初次見面她躲在老人後面，對我們這些突如其來的訪客有些警惕。她的皮膚曬得有點黝黑，嘴抿得緊緊的，眼神卻閃爍着一股堅定。言談中彷彿一個十多歲的少女，有着與她的樣貌年紀不相符的成熟。我很自然地和她攀談起來。很快她提議帶我到屋外的玉米田，一點點分享她的生活。我給她講了一個童話故事。就這樣，一大一小建立了一種連結。數月後的暑假，我們回到村中建橋。再次見面她看起來又大了一些，剪了短髮，主動和

我說話。我問她長大後想做甚麼，她不假思索地說要做中文老師，我問為何是中文老師，她說：「因為中文老師對我好，我以後也要做這麼好的中文老師。」那一次再分別的時候我送了她兩本書，希望她多些閱讀，夢想成真。

那次計劃結束後雖然常常想起這個女孩，但也只當是一次萍水相逢。所以當基金會告訴我們團隊第二年的項目仍然會在謝家村的時候，我喜出望外。次年再見她，她又束起了長髮，一掃初見面的拘謹。她笑着跑過來拉起我的手，帶我到村裏的花田，聊聊一年多來的變化。我為她的成長感到欣喜，更驚訝她牢牢記住我前一年跟她說的話。她告訴我，她遵守和我的承諾，會好好愛護牙齒，笑起來時更加自信和燦爛。一兩句帶過的叮囑我已淡忘，她卻牢牢記住並遵守。和這個小女孩的邂逅，令我感受到人與人之間奇妙的連結，也讓我更加相信了看似微小的連結背後的力量。

大學二年級結束的時候，當同班同學的履歷表上已經添了好幾項實習和兼職工作經驗的時候，我的履歷表上除了無止橋的義工服務外其它工作經驗寥寥無幾。那時有點慌張，一度懷疑過自己的抉擇。如今工作後，回想起來卻有另一番體會。畢竟像那樣無甚掛慮，能全力以赴地做自己感到有意義的事情，從單純卻深刻的連結中感覺愛的機會也不是時常有的。謝謝無止橋。

陳松齡

陳松齡（Gifthy Chan）2015~2017 年在香港大學無止橋團隊擔任過成員和學生統籌。多次參加無止橋的建橋計劃，包括謝家村一期、二期，以及重慶鳳山村項目。參與和經歷過無止橋的大學生涯裏，她會用「成長」一詞形容無止橋，因為這見證着她的成長，也見證了身邊很多人的成長，包括在謝家村遇到的那個女孩。

2017 年重回謝家村，謝夢雪看上去又長大了一點。

2016 年夏天，謝家村燕溝橋點天空特別澄明（左起 Sunny 、 Doris 、我和張政）。

我和謝夢雪和奶奶在新房子的門口合照。

謝家村貓耳菇橋點順利完工（左起我、 Sunny 、 Doris 、張政和威哥）。

1	2
3	4

港大無止橋團隊在貴州謝家村兩度建橋。

07 致力培養 Work Ready 學生

　　2012 年的夏天，香港高等教育科技學院（簡稱高科院）土木工程系正式成立，並收了第一屆學生，由於當時是剛成立的，校內並沒有任何學生組織。作為土木工程系的課程主任，我深信教導學生，除了在專業上要令他們有深入的了解，在溝通、道德、品行及責任心上也需要有適當的培養，將來才能成為對個人及社會負責任的工程師。當時我在不同的報道知道了無止橋慈善基金的項目，感到非常有意義，亦知道無止橋在不同的大學及高等院校成立了學生義工團隊。心內激動的想：如能在高科院成立，那真的太好了！因為無止橋的理念，正正是通過不同的項目去培育年青人，令他們茁壯成長。

　　通過一個科技大學橋隊的成員介紹，有幸和無止橋接觸並得到支持，高科院在 2013 年正式成立了 THEi 無止橋團隊。第一個參與的項目是重慶市保家鎮溪口村無止橋，共同合作的是同濟大學及西安交通大學。在 2015 年，便橋及民生項目在基金成員、村民及各橋隊成員的合作下，工程順利完成。在短短數天的時間，我見證了同學們的成長。由擔心怕死

的小朋友，變成有愛心及信心的年青人。他們與村民們建立了深厚的關係，那種喜悅是難以形容的。其後幾年，團隊積極參與了甘肅馬岔村及河北小窩鋪村的民生改善項目，學生在項目和團隊管理上更見成熟。

溝通村民的機會

於 2019 年，高科院參與了另一個項目：廣西都安琴棋村的食堂及民生設施建設。高科院的學生首次參與廣西的項目，並和重慶大學的學生有直接溝通和合作交流的機會，這是非常難得的體驗。在兩次的調研裏，隊員探訪了當地的村民、村委及學生，認識了村落的概況，從而去明瞭民生需求及建設的目的。過程中，同學們對中國內地偏遠山區的狀況有了深入的了解，對村內的生活、文化和歷史作了詳細的報告。這些經歷加深了同學對內地較落後地區的認識，加深了使命感去改善當地村民的生活。

現代科技發達，大學的學習有時可以很輕鬆地通過網絡完成，但這種單向而沒有指導及實踐的學習，是十分不足的。高科院的宗旨是培養 Work Ready 的學生，我們希望同學在學習期間已能認識溝通技巧、社會責任及行業的需要。希望培養出一班有正確人生觀，積極而上進的畢業生，為社會服務。通過課堂教育專業上的技術及無止橋項目的實踐學習，同學們對所學的知識有了深切的體會，在解決問題及處理人際關係上有很不錯的表現，在各成員的諄諄善誘下，培養出一批又一批發光發熱的年輕工程師，服務社會。

口村無止橋是 THEi 無止橋團隊成立後第一個參與的項目。

黃浩輝博士

黃浩輝博士（Ir Dr Simon Wong）過往 10 年任教於香港高等教育科技學院建築科技與工程學系，是科技學院的副院長。多年來，黃博士作為工程師支持無止橋學生團隊，並親身參與無止橋山區項目及在港的學生督導工作，培育多屆富有理論及實踐經驗的學生，服務有需要的社羣和村民。

1/ 馬岔村的民生改善項目是團隊積極參與的項目。

2/ THEi 無止橋團隊在處理施工項目的材料。

3/ 學生團隊為馬岔村項目施工,揮灑汗水。

4/ 團隊為馬岔村村民架置路燈,改善村民生活。

5/ 黃浩輝博士見證了同學們的成長。

08 琴棋村難忘的挑戰

　　第一次參加無止橋活動後，我了解到內地真實的情況，也接觸到一班來自兩地充滿熱情的年青人，參與鄉村建設。這深深吸引着我，令我也想盡自己能力參與其中，挑戰自己，嘗試到更多不同的地方貢獻一分力。深明自己經歷的不多，能力亦有許多不足，所以趁着大學最後一年的時間，積極參與無止橋的活動，並有幸參與都安琴棋村村民食堂的項目。

　　琴棋村處於較偏僻的位置，當地的資源相比其他地方貧乏，因為交通不便，只有一條又彎又狹窄的山路入村，不利於物流運送。透過接觸當地村委和村民後，我們了解到村民食堂有類似社區中心的作用，落成後可以開放予村民促進村內各戶的日常交流，如舉辦節慶活動，和讓村委進行社區教育工作，落實村內扶貧工作。

　　考察時間只短短幾天，我們進行了村莊和當地居民探訪，考察環境和了解村民的生活和需要。接觸村委幹部，報告村民中學的建設計劃和場地安排，計劃未來活動，例如項目的建設和兩地學生交流活動籌備。當時初步的構想為安排耕作體驗、傳統編織活動、電影或影片分享等。當中我發現每一個項目都有其特別的挑戰，琴棋村除偏遠的地理位置外，村落的規模也較細，住戶分佈較散落，導致每一次安排探訪時也集中在某單

一主題。另外，我們發現村內如內地其他農村一樣，年輕人口多數外遷，親自感受農村老年人口的問題時頗覺感觸。所以希望那怕是短短數日的萍水相逢，仍可以為琴棋村注入一點生氣。

主動思考　敢於表達

難忘的事是第二天成員被分派不同組別，並分別行動，而我被分派到籌備民生活動的小組，拍檔內地的學生到龍鄉灣負責調查基本的日常用品及物資。因為當時預計 2020 年 4 月再次探訪時會有約 40 人參與，為了解決物流不便的問題，方案是預留足夠物資到村委辦公室。我們二人首先尋訪了龍鄉灣為數不多的百貨店，詢問店主平日的供應和辦公時間等資料，並取得聯絡電話。與前一日的發現一樣，情況未如理想，即使交通較為方便的龍鄉灣，其食物和樽裝食水的供應平日也是有限，且需要預先通知額外訂購，才能滿足我們一行人幾日的需要。

事後發現，原來自己對於籌備這種相對大型活動的經驗太少，經常毫無方向，幸好得到經驗豐富的無止橋職員指導，還有內地無止橋大學生成員從旁協助，讓我和其他幾位學生成員分工合作籌劃。當一個項目處於較初期階段，會有各類未有定案事情，自己要主動思考，敢於提出各方面的需要。

早在出發前，團隊幾次前往負責技術指導及贊助項目的 hpa 何設計公司，透過視像會議與內地負責的大學商討村民食堂的細節。會議中 hpa 何設計的老闆親自主持，我想對他而言，這只能夠算是一個慈善小項目，但我感受到他對工作的熱情，所以記憶也十分深刻。其後疫情爆發，琴棋

村村民食堂的項目由內地無止橋團隊帶領下已經完成建設。可惜的是當時計劃的民生項目未能實現，在此寄望各無止橋團隊未來可以順利，實地實踐所思所想，這些都能成為十分珍貴的回憶。

陳志華

陳志華（Danny）為 2019~2020 年 THEi 無止橋團隊成員，畢業後加入某建築公司工作。過往曾參與河北小窩鋪村及廣西都安琴棋村項目活動，希望肺炎疫情後可以再會各位橋友，體驗不同於城市的人和事。

有幸參與都安琴棋村村民食堂的項目，令我獲益良多。

在田野間為安排耕作體驗作預備。

我們負責調查基本的日常用品及物資。

團隊出發前，透過視像會議與內地大學商討細節。

接觸當地村民後，我們更深入地了解到他們的需要。

<table>
<tr><td>1</td><td>2</td><td>3</td></tr>
<tr><td></td><td>4</td><td>5</td></tr>
</table>

09 千言萬語 難表謝意

　　廣西壯族自治區河池市都安瑤族自治縣龍灣鄉琴棋村處於石山王國，九分石一分土，土地貧瘠，曾為深度貧困村。2015 年以來，在上級黨委政府領導下，以及中國礦業大學（北京）、武警廣西總隊等後援單位幫扶下，琴棋村的基礎建設、農戶的家庭收入等方面都得到了長足發展。在脫貧攻堅過程中，琴棋村有幸通過中國礦業大學認識及得到了無止橋慈善基金的關心和支持，得以建設村民食堂。

　　經過兩年無止橋學生團隊的用心設計及努力操作下，琴棋村村民食堂已於 2022 年春節正式投入使用。食堂的建成是一面旗幟，是都安瑤族自治縣 253 個行政村的標杆，從開工到完工，都凝聚大家的心血。村民們對食堂報以極大期待，上級黨委政府的有關領導來村調研指導工作時也對食堂交口稱讚。我們相信村民食堂將會加強琴棋村的鄉村社會治理，將為培育文明鄉風增添色彩。

　　長風破浪會有時，直掛雲帆濟滄海。琴棋村正立足於自強自立，凝聚着各方力量，致力於鞏固脫貧成果銜接鄉村振興。在全面實施鄉村振興戰略的偉大征程中，期望無止橋及各界繼續關心關注琴棋村的發展。

千言萬語，難表謝意，願我們在這愛心村民食堂搭建的友誼之橋上久久徜徉，為鄉村振興事業做出我們共同的貢獻！龍灣鄉琴棋村支部及村民委員會，向無止橋慈善基金致以最真摯的謝意！

藍主任
龍灣鄉琴棋村支部委員會、龍灣鄉琴棋村村民委員會

10 感悟琴棋村食堂專案

專案一

　　這是一節很好的「建築職場預備課」，與學校的設計作業僅僅停留在紙面上不同，無止橋給予我們難得的機會讓設計成真。在琴棋村食堂從設計到建成的漫長過程中，我了解到一棟落成建築的背後，需要的是包括設計、施工、贊助等多方的協調溝通和無數次的修改確認。我也有幸能前往場地，進行建設前的實地勘測。當記錄項目成長的攝像頭搭建成功時，對項目的成就感變得真實可觸；看着影像記錄着食堂從無到有建成，也唯有感慨團隊的努力終究開花成果。希望食堂能在未來融入當地村民的日常生活，也希望我們的努力為琴棋村帶來了微小而真實的改變。

張旨脈

重慶大學無止橋團隊成員

希望我們的努力為琴棋村帶來了微小而真實的改變。

專案二

　　琴棋村食堂終於建成，效果超出預期，令人欣喜！在此項目中，我主要參與了前期調研和方案設計。調研之前對每日的任務做了詳細的計劃，以保證目標明確、有的放矢。調研過程中，我們翻越重巒疊嶂深入村中，勘察項目基地，走訪村民老宅，體會風土民俗，了解建材市場，雖一路曲折顛簸，但也被喀斯特地貌的美景所折服。

　　方案設計與實施階段可謂一波三折。設計方案經過了幾輪的多方案比選，並與村中反覆溝通，以期望為村子修建一棟適應當地氣候和滿足使用需求的房子。在與熱心的施工圖單位多次討論中，圖紙反覆修改，是對我們耐心的磨練。經過前期大量的準備工作，2019 年底項目開工，當大家還在策劃如何讓志願者參與項目其中之時，結果遭遇疫情突襲。面對建造過程中繁瑣的細節和各種不確定因素，重慶大學、香港高等教育科技學院的同學、老師和以及無止橋慈善基金的工作人員，必定是付出了更大的努力才使得項目能夠順利完成。

　　感謝無止橋為志願者們提供了支持鄉村的機會，也期待無止橋在公益的路上繼續遠行！

鞠嘯峰

重慶大學無止橋團隊成員

1/ 期待無止橋在公益的路上繼續遠行。
2/ 希望再有機會到訪琴棋村，繼續學習和了解他們的生活。

專案三

　　我是第一次到訪比較城市化的村莊，由於需要準備緊急情況下的安排，我首次接觸到鄉村的藥房、衛生所與醫院。在聊天的過程中更了解他們的醫療服務和體制，發現沒有我想像中簡陋和複雜，而且他們的衛生院可以說是麻雀雖小，五臟俱全，基本上一般情況都能夠解決。加上患者稀少，護士和醫生的人手非常充足，與香港人滿為患的情況大為不同，給人一種更舒適的感覺，令人欣慰。村中的王醫師亦懂得進行基本檢查和協助帶路，讓我們這些新手學習計劃和安排時大大放心。

　　在印象中琴棋村是充滿傳統文化工藝的地方，在村民家中可以看到用竹編製的竹籃和筲箕，我很喜歡看到各種工藝融入日常生活中。很多

時即使在現代社區加入用這種工藝製成的工具與元素，都只是從欣賞的角度設計，缺少了生活感，好像是從博物館看到以前的文化，或者復古的感覺。可是在村中看到村民即使在村裏生活了那麼久，甚至已經搬到現代感較高的樓房，那些東西仍然是他們生活的一部分，不是刻意製造出來的文化，有種純粹的簡單和樸實。在調研的旅程中，還有到訪過擁有木製房子的村民家中，那是我第一次親眼看到這種房子，甚至還有下面可以養家畜的偏房，令我大開眼界。

還記得有個姨姨知道我們喜歡小動物，特地把家中的趣緻小雞展示給我們看，看她熟練地一手抓着母雞的手法，風氣凜凜，那隻母雞還是一呆一呆未見掙扎，十分逗趣。旅程中形形色色的新事物，都令我很新奇，每次走在路上都要把沿途的小事物摸過一遍，沒見過的植物，未吃過的食物，未行過的洞穴，都在熱情的村民帶領下試過一遍，種種經歷都讓我畢生難忘。我真是很感激他們的招待和關照，希望未來亦會再有機會到訪琴棋村，繼續學習和了解他們的生活，並且為這個小小社區出一分力。

Zena

THEi 香港高等教育科技學院無止橋團隊成員

專案四

想起去年 11 月 13 日，加班到很晚，回家路上打開手機看見羣組消息，得知我們首個民生建築項目將圓滿完成，雖然自己已畢業離開團隊，但內心依舊無比激動、喜悅，一洗一天上班積累的疲憊。

從最早參與第一次調研時初認識龍灣鄉琴棋村，到方案設計出謀劃策，再到與村民相互熟悉幫助設計雞蛋包裝……這一路，林林哥和 Lorraine 等基金會帶隊老師在工作中表現的真誠與負責感動着我。以「用一座食堂，溫暖一個鄉村」為初衷凝聚團隊成員，到一起展現出的責任和擔當，激勵着我。這一路，除了收穫也有遺憾，收穫了珍貴的友誼和寶貴的一線經驗；遺憾的是，因新冠疫情耽擱了項目進度，導致我不得不忙於研究生畢業，而未能參與項目後期事務。衷心地感謝無止橋慈善基金提供的平台，由衷祝願基金會發展得更好，今後將項目建設至祖國的每一個角落，拉近更多人與人之間的距離。

章　露
重慶大學無止橋團隊成員

專案五

　　聽聞琴棋村項目已完工的喜訊，轉眼自前期工作以來已過兩年，心裏對琴棋村食堂建造項目的成功也倍感歡喜。自從 2016 年正式加入無止橋社團以來，琴棋村項目是我第一次以統籌的身份參與其中，更是重慶大學團隊第一次接觸非橋樑類型的民生項目。

　　猶記當年和內地香港兩個團隊共同前往廣西實地調研，一方面為琴棋村風景優美而讚歎，一方面更為廣西民俗文化豐富多彩而驚喜。當時配合當地政府、贊助團隊、無止橋慈善基金職員和重慶大學的同學，在地深入的調研了琴棋村的民宿民風和村民的需求，從宗教習俗到交通物流，更是仔細的考量了當地建材和施工的一些細節。當時整個團隊共同努力的情景還歷歷在目。唯一可惜的是恰逢新冠疫情，曾經希望能和香港及其他大學一同參與的施工只能暫時延遲。我因為學業原因和社團發展的考量也不再擔任統籌，但是無止橋的其他小夥伴依舊在推進這個項目，我也在默默關注。今年聽聞項目主體已經完成，看到完工後的項目內容和大家的反饋，真的非常高興能參與到無止橋的大家庭中，也希望在今後能聽到更多的好消息。特別是在疫情隔離的當下，我更是愈發感覺到無止橋建立心橋的重要性，希望重慶大學無止橋團隊和無止橋慈善基金能愈辦愈好。

張程遠
重慶大學無止橋團隊成員

1/ 張程遠在團隊中收穫了寶貴的一線經驗

2/ 當時整個團隊共同努力的情景還歷在目。

11 學無止境 氣有浩然

「為何參加無止橋甘肅交流？」我問報名學生。

「我準備去教村民英文歌、幫他們接軌世界！」學生答。

「你打算跟村民學唱秦腔嗎？」我問。

體驗學習　平等交流

　　香港大學中文學院體驗學習及交流計劃，以及中文及文化工作室歷年舉辦各項文化及交流活動，旨在讓學生親炙中外，探究文化、欣賞河山、領略人情。足跡遍及絲綢之路、川藏古道、茶馬古道、雪域天路（古道系列）；青藏高原、黃土高原、雲貴高原（高原系列）；嶺南、京滬、甘南（服務系列）及東南亞（義教保育系列）。2015 至今已近一萬學子參加。而無止橋交流，正是其中一個重要的合作項目。

　　體驗學習是透過真切的體驗，靈活運用知識理論，發揮批判思考，妥善處理衝突，從而擴闊視野的學習過程。港大學生有幸參與無止橋活動，活學活用實踐理念。我堅信「自主學習、平等交流」是體驗學習的精髓，不同意抱持「救世主」心態去交流和旅遊，與其「教」村民英文歌「幫」

其接軌世界，不如先虛心跟村民學秦腔、學耕種，再以英文歌作平等的知識交換。正因為沒有施受身份，不同思想經歷才可碰撞探戈，交流方能共創更多可能。

開放討論　落手建設

成千上萬位港大同學參加內地文化交流，顯示同學並不抗拒了解中華，關鍵在於老師能否減少預設教育目的，以用中立的角度陳述事件，給予空間讓學生自行觀察、分析、比較和提出建議。

故此，在設計文化交流中，要拿捏當中「尺度」殊不容易。我的方法是透過敍述故事，了解各地差異。無止橋正提供了一個有利的平台，讓同學多了解祖國情況：為甚麼城市有發展快慢之別？為甚麼當地有交通問題？香港有沒有類近政策參考？外國有沒有個案研究？透過開放討論，層層剖析現象，提出有益可行之建議。所謂批評容易建設難，我的方法不只是要學生提出問題，然後信口幾句「解決方法」，而是讓學生透過親身訪談、歷練、工作，提出建議，最後參與落實。很多交流活動不到兩天就要學生提交反思報告，老實說，這些所謂反思，多是虛情假意的套語，交流舉辦者少做為妙，因為真切的反思需要在深切的體驗後方能孕育——這正是無止橋活動的可貴之處。

心有明燈　橋立無止

一個善美俱備的交流必有一個不辭勞苦、排除萬難的主辦方，亦需

一羣積極主動、熱心投入的參與者，加上心胸廣闊、容許睽異的領隊，三者湊合臻成。2018 年 7 月，港大同學入甘肅，摸過懸崖峭壁，走過蓬鬆泥路，一手一腳，一沙一石，架橋修路。記得一夜，馬岔村夜幕降臨，大家拿着手機照明燈，摸黑回到大本營，討論着：「不如起燈柱！應該這樣架電纜、這樣鋪電線⋯⋯」人人發揮大腦小宇宙，準備「大幹」一場。翌晨，大家商討如何挖地立柱、拉電到位之時，一個在旁邊弄早餐的村民叔叔送上熱粥，拿出滿佈裂紋的手提電話說：「這太陽能 LED 燈 50 元一個，夠光、防水，淘寶下單，後天便到！不如你們教我訂貨，我教你安裝？」

街燈會滅，心燈長明，橋上燈影正映照着真心交流的光輝。

後 記

疫下封城，未能出走西藏、大理，仍可探索西環、大嶼。但願疫後通關，橋的兩端能自由往返，或團聚、或交流，再參加無止橋之善事，與同學共襄義舉，體驗學習。欣聞無止橋成立 15 年周年，我記得認識紀文鳳小姐是 10 周年盛會之時，當年造訪馬岔時寫下一聯：

存乎一心會八方有志士
奮之十載建千里無止橋

做人、教育、交流一樣：「高高山頂立，深深海底行」，前者是堅毅立志，後者是深耕細行。祝願此橋，繼續善行無止、大愛無疆。

1/ 廖舜禧博士（正中）在設計文化交流中，要拿捏當中「尺度」殊不容易。

2/ 一個善美俱備的交流必須主辦方、參與者及領隊三者湊合臻成。

3/ 過去有成千上萬位港大同學參加內地文化交流。

4/ 10 周年盛會之時，當年紀文鳳小姐（前排左二）造訪馬岔寫下一聯。

5/ 沒有施受身份，不同思想才可碰撞探戈，共創更多可能。

1	2
3	4
	5

廖舜禧博士

廖舜禧博士（Dr. Hayson Liu）現為香港大學中文學院高級講師，兼任學院經驗學習及交流計劃總監和境外學習規劃及拓展處學術總監，並統籌中文及文化工作室。廖老師執教多個大學中文課程，亦開辦數位溝通與中國文化課程及開設書法、美學、茶禪、古樂、棋藝、唐卡、藏畫及本地文化考察等各種體驗課程。其交流及文化計劃曾獲國家教育部金獎、中央電視台最佳組織獎。2019 年起，更開辦本地深度體驗學習計劃。廖老師積極推動知識交流，2016 年起與香港電台、無綫電視等各大傳媒緊密合作，推廣粵語、廣府、香港文化及中華藝術。廖老師是港大文學院 Faculty Excellence Teaching Award 得主，亦是香港教育局最值得表揚教師獎得主。

12 見證國家與無止橋發展

我有幸參與無止橋義工活動達 13 個年頭，見證了國家與無止橋的發展。我們以橋起家，成立的理念是希望為偏遠山區建造實體的橋樑，改善民生，還希望建立學生志願者們與村民的心橋，建立在中港兩地大學生的合作理解之橋。

從服務中學習，人羣就是橋樑

這些年間，無止橋在服務理念來說，已經從「以橋連結人羣 Connect People with Bridges」改為「人羣就是橋樑 People as Bridges 」。而在培訓學生志願者學習模式來說，已經從「學習如何服務 Learn to Serve 」發展到「從服務中學習 Learn by Serving」，這種服務式學習是希望學生志願者在幫助別人的同時，自己也可以得到提升。

整個體驗服務課程為期三四個月，我們設計了「從首都到古都，從城市到農村」的遊學路線。在實地學習前先安排營前預備課，安排專家分享會，讓大家先做預習。在暑期的實地學習以首都北京、古都西安，以無止橋紮根 10 年的農村馬岔村作為三個據點，讓學員透過自己眼睛看見的事

實去認識國家古今。

　　學員首先到訪代表國家體制的北京，北京建築科技大學提供支持，每日上午有政府官員和知名學者為同學介紹北京的現代化設施，了解一些宏觀政策。課餘同學也在北京各處觀察體驗，晚上就聚集做分享報告。

　　到了十三朝古都西安，在無止橋夥伴友校西安交通大學和西安建築科技大學的支持下，我們集中介紹城市發展的理論、三農政策、鄉村振興、文化振興，以及馬岔村這 10 年的發展點滴。課餘讓學員從衣食住行角度發掘古都，西安的豐富歷史文化引發學員不少思古之幽情。

　　到了馬岔村，我們可以看到真正的農村生活，也透過我們雙眼雙手去發現一些有待改善的民生問題，重新反思黑格爾[1]所說的「存在即合理」的深層意義。在馬岔村呈現不少城市人久違的生活元素，這些都讓我們返璞歸真，重新認識「慢節拍」和「人本生活」的意義。透過夜話，我們可以帶領學員深度思考，傳遞人生經驗。

全身心深度體驗學習

　　除了「服務式學習」以外，我們也採用「體驗式輔導」，就是沒有率先告訴學員甚麼是「對」或「錯」、「甚麼應該做」或者「應該怎樣做」，反而讓學員在發現的過程中內化經驗。雖然體驗式輔導整個過程需要較長的時間，但形成的體悟一生受用。正如學員在預習階段，靠着導師或資料的描述，都會對馬岔村有一定的憧憬，但到達實地親身經歷後，會有不同的體驗和感受。

知識轉化生活智慧

我們認為無止橋在舉辦「學生體驗學習」的成功之處在於透過「親身看、直接體驗」、「作出比較和分析」和「有效誘導」，從而開拓學員的眼界與思維。就像在農村，我們或會認為自己的文化水準較高，但在當地日常生活中，例如如何在田野中使用一個鐵鍬、如何利用魚膠粉黏貼木器，我們都不比村民更懂得能利用本地智慧。如果學員學懂把知識轉化為生活智慧，這些非學科教育的生活啟迪就可以幫助減低日後的生活成本。

另一成功特色是我們很重視分享，現實上每人感受皆有不同，但必須承認這些感受都是真實的，沒有對也沒有錯。認識自己以外的感受是必須的，而這些認識就需要透過意見的表達，分享就是意見表達的其中之一的方法。因此，每懂得多一個人的想法與感受，就等於多參加了一次體驗。透過分享會幫助我們認識更多人性特徵，方便以後的人際關係的建立，再者，透過分享表達意見和客觀比較不同意見後，更可以梳理自己的思路，讓自己更成熟。

透過「多元化課題」、「自發自願參與方式」、「實際參與體驗式」、「討論式」和「分享式」等課程設計，以「指導／引導／教導」的手法，學員們可以掌握常規學科以外的知識和經驗，從而增加自己的閱歷，並且體現在以後的人生路上，這就是無止橋「學生體驗學習」。期望疫情早日緩解，我們繼續推展下去，讓更多的年輕人得益。

注：格奧爾格・威廉・弗里德里希・黑格爾（Georg Wilhelm Friedrich Hegel，1770~1831 年），德國最偉大的哲學家之一。

李德偉（吹口琴者）與無止橋項目的小朋友留影，一片歡樂。

暑期課程學生在鄉村留宿，無分你我。

李德偉多年帶領香港及內地大學生到農村體驗和學習。

李德偉

李德偉（Stephen Li）當年因認識「良橋助學夢成真」後深受感動，與無止橋結緣於 2009 年柳灘村無止橋，之後立下宏願每年一橋。其後更積極參與歷年年會、無止行與及馬岔村民活動中心等組織工作，多年帶領香港及內地大學生到農村體驗和學習，是無止橋的資深導師，現在擔任基金會北京代表處代表。

1/ 在無止橋項目，我們可以真正感受農村生活。

2/ 2018 年港大無止橋暑期課程的大合照。

13 體驗式課程潛力巨大

　　2017 年我離開香港教育大學，開始我的退休生活。紀文鳳小姐送了三本無止橋的書籍給我，內容是這個慈善機構主要持份者撰寫的文章，從眾人分享中可清楚看到這些活動對年青人的價值觀、視野、組織及團隊協作能力，以及對內地認知等各方面都有很大的影響，閱讀下來我深深被無止橋的工作打動。

　　在受到感召之後，我向紀小姐毛遂自薦擔任義工。剛好 2018 年暑假香港大學與無止橋首次合辦以「認識中國」為主題的四周體驗學習課程，紀小姐安排我在學生成績評核方面擔任無止橋的顧問。我很高興接受任務，因為多年擔任藝術管理老師和課程主任也需要策劃實踐式、體驗式課程（如「藝術管理實務」）和評核學生成績。感恩可以用上這些經驗。

與學生到黃土高原

　　參與課程對我最大的挑戰，是在嚴夏期間七天才能洗澡一次。因為培訓基地馬岔村位處乾旱缺水的黃土高原。於是我決定在夏季之前先到馬岔村親身了解一下，在 4 月份參加了無止橋在馬岔村一個服務學習團，

參與同學來自數間香港和內地大專院校的無止橋屬會會員。想不到抵步不久，馬岔村便下起大雪，團員病了幾個。我開始理解在 2,000 多米的高原，即使夏季也很涼快。其後兩年的 7 月份，我到馬岔村開展活動，也覺得是避暑勝地（溫度和濕度與瑞士的避暑勝地相若）。這次參與也讓我更理解同學參與服務學習團和選修學分課程的不同態度。

　　港大的「認識中國」課程分兩部分，第一部分是在北京和西安各一周參觀及作講座學習，第三及第四周以無止橋在甘肅省黃土高原上的馬岔村村民中心為基地。同學們除了實地認識中國農村狀況外，也通過為村民服務來學習。包括參與改善民生的小型工程，例如裝置人行道旁的太陽能路燈、修建小型焚化爐等，由同學設計和組織的「與村民互動」活動。同學還需以小組型式，進行一個與當地有關的自選課題調研，並在離開前分享學習成果。

　　2018 和 2019 年的 7 月，我到馬岔村參與了課程的後半部分，先後兩年與同學共處，一方面擔任部分小組調研的顧問，另一方面也統籌無止橋方面的評分工作。我非常欣賞香港大學學生認真的求學態度，加上同學來自不同院系的多元背景，非常有利同儕學習。同學們投放很多時間在小組調研項目（自定題目）上，在自由活動時間不少組別仍然聚在一起搜集資料或進行討論。凡事有得有失，同學把大部分時間花在小組調研上，自然少了機會與村民溝通，了解他們的生活、歷史、文化等方面。這方面相信參與服務學習團的同學可能獲益更豐富。

搭建彼此間的「心橋」

　　無止橋的宗旨，是希望搭建香港年青人和內地同胞的「心橋」。以往主要通過建橋和服務學習團的形式，個人認為體驗式學習的課程也非常適合，能夠滿足同學希望取得更多親身體驗和見聞，又同時取得學分的意向。但要這種主動學習的模式達到最佳效果，同學們需要首先為自己訂立清晰的個人學習目標，在課程安排的框架下，致力兼顧服務、調研、認識在地文化、享受大自然、自我反思和總結等不同面向，那麼學習成果既理性又感性，影響更為深遠。

　　一般無止橋的服務學習活動，都會安排相若數目的香港和內地大學生參與，內地學生因為對國情的理解，通過交流大大促進香港學生對內地社會、文化的認識。而港大的課程，我們只安排了少數內地大學志願者擔任後勤角色，我希望未來可以探討如何在「體驗學習」的課程中提升兩地大學生的交流，促進理解、建立「心橋」。

鄭新文教授

鄭新文教授在香港曾擔任多個高級藝術管理職位。自 2002 年以來，鄭教授主要專注於藝術行政培訓工作，分別在上海音樂學院和香港教育大學擔任教授，而現時是中央戲劇學院及北京舞蹈學院的客座教授、澳門國際音樂節藝術委員會成員和香港多個藝術團體的董事。鄭教授前幾年加入無止橋協助設計及推動「體驗式學習」課程，與學生一起體驗農村生活及文化，鄭教授於 2019 年獲邀成為基金會董事成員之一。

1/ 鄭教授先後兩年與同學於農村共處。

2/ 同學會設計和組織的「與村民互動」活動,通過為村民服務來學習。

3/ 同學實地認識中國農村狀況。

4/ 鄭教授希望未來可以促進兩地大學生建立「心橋」。

14 撫慰心靈的星空和夕陽

　　最近某個下午，新冠疫情還在肆虐，經歷過畢業的不捨，面對未來去向的迷茫，深夜加班的苦澀……當我從記憶的抽屜中，抽出那寫着馬岔名字的盒子，湧上心頭的，依舊是溫暖的回憶。

　　丁家溝馬家岔村，在茫茫黃土高原上的一個神奇的地方，去過的人都說好。最讓我難忘的是在 2018 年夏天，來自香港大學和北建大的同學和老師們，和包括我在內的西交大和西建大無止橋團隊成員，因為港大無止橋暑期課程，而相聚於馬岔的故事。14 天內，我們突破了自己，經歷了挑戰，收穫了成長、友誼。

　　在馬岔村 14 天內不得不談的第一個主題，一定是責任。作為率先抵達的先遣隊員，我們需要向後面到來的幾十人的大部隊做好食住行的保障。四人小隊往返於縣城和村裏，採購蔬食瓜果，並馬不停蹄地清掃活動中心，搬運建材雜物，搭建兩個 20 人大帳篷。直到第一天大家抵達，吃上第一頓飯，睡好第一晚覺，我們作為先遣那顆懸着的心，才終於放下來。

　　同時，我深刻理解到人對於自己所生長的土地的責任。由於馬岔缺水的條件，每天的刷牙用水僅限一杯，洗碗用的也是節水且環保的麥麩。於是我們開展了垃圾分類，提出了輪值式的後勤服務方式，所有人在輪換

中進行每天的垃圾焚燒和填埋，旱廁清潔等等。作為志願者，我意識到了我的所作所為如何影響環境，我們應當對自己的行為負責。

調整任務角色的轉變

於我而言，最大的挑戰是來自於角色的轉變。比起之前的無止橋項目，作為參與的志願者，我需要的僅僅是打開自己的心，努力去做好手裏的工作。但作為輔助員，職責變成了輔助大家做好志願活動，確保來自香港以及世界各地有着不同教育和文化背景的志願者和同學們，能夠積極的參與到活動中，確保他們的課題調研能夠順利開展。

由於我們幾個來自西安的志願者因為提前開展了合作，所以自然而然的率先熟絡了起來，不知不覺中就產生了一些抱團的現象。雖然我們能非常熟練的完成手裏的工作，卻全然沒有注意到，剛剛到村裏還非常不適應的香港同學。直到有經驗的兜兜學姐和宏哥提點了我們，才讓我們發現到不足之處，意識到面對角色轉變的應對失誤，於是反省自己、調整自己，更好地為同學服務，積極熱心地幫助他們盡快融入馬岔生活。

除了志願者間彼此融入，志願者該如何融入村莊，融入社區，融入村民呢？廣場舞是馬岔的答案。做完白天的施工工作和調研工作，晚上的活動中心，伴隨着音響的配樂節奏，以及馬岔婦女熱烈的舞蹈。先是婦女們帶着志願者跳他們的舞，初開始大家還有些羞澀有些生疏，一遍又一遍的魔性音樂後，男生女生都加入了進來，會跳的不會跳的都開心地蹦躂，活動中心迴盪着大家的笑聲。此時此刻，大家都是馬岔的兄弟姐妹。

大家相處的過程中，我收穫了太多。香港同學的認真程度令我印象

深刻，無論是講座時候刨根到底的提問，還是調研走訪前厚厚的資料準備，和採訪中認真的傾聽和記錄。跟着常老師、錄老師和 Stephen，學到的不僅是各種技能類的接電路裝燈，還是垃圾處理，也包括更深層對農村的認知和觀察。

最初的時候，我們都以為自己是來到農村去做志願活動，是去服務村民，給予村民的，去造福一方土地。其實不然，我們所得到的，超過我們所給予的太多太多。多年以後，馬岔的星空和夕陽仍然具有撫慰我心靈的力量，一想到在那黃土高原大山深處，曾有我們彼此的羈絆和心橋的建立，我都能感受到力量和感動。

張 淼

張淼本科畢業於西安交通大學建築學，2016 年加入西安交通大學無止橋，曾任西安交通大學無止橋團隊統籌，主要參與無止橋甘肅馬岔村民生項目、港大無止橋暑期課程、陝西山陽東川村橋點調研、無止橋重心啟航交流營、無止橋內地急救培訓等。

1/ 想到馬岔村的種種，張淼依然感受到力量和感動。

2/ 張淼以先遣隊員支援身份參加 2018 年港大無止橋暑期課程。

3/ 跳舞的時候大家都是馬岔的兄弟姐妹。

4/ 我們所得到的，超過所給予的太多太多

5/ 馬岔夕陽有撫慰我心靈的力量。

6/ 14 天內，我們收穫了成長、友誼。

1	2
3	4
5	6

15 繼承鄉村智慧的遺產

開始回顧前，我得先承認自己是一個年青人，想法不免有所局限。將馬岔村歸類為傳統、讓都市人逃離城市生活的避世天堂，我覺得是對該村落展現出的複雜性欠缺尊重。對我來說，馬岔村與我童年時生活的混凝土叢林是完全不同的。

學校和家人告訴我，走出去做社區服務才能與真實世界接觸。但是，一道煩擾不休的問題，始終讓我糾結非常，面對世界，個人究竟可以做些甚麼去抗衡呢？儘管我為個人的無能為力而感到悲觀，但我必需承認，為無止橋而做的義工服務的確啟迪了我，令我知道在人類發展的長遠恆河中，自己所站的位置。

人生中第一場皮影戲

我第一次去馬岔村是在六年級的時候，透過一個家庭朋友的介紹，我認識了無止橋慈善基金。經過多次飛機的升降，以及穿越黃土高原的顛簸，我終於到達了馬岔村。我就如一個天真活潑的孩子，驚訝地觀看我人生中第一場皮影戲。隨着嗡嗡的音樂流淌，故事也變得栩栩如生。觀

眾注視着木偶師每一個精心設計的扭動，期待着接下來的場景。

當木偶師拉上幕布時，我跑向他，鼓起勇氣向他介紹了自己。經過多年對藝術的迷戀，我終於遇到一個真正的藝術家了！演出結束後，我就他的藝術與他對談，並表達了我想了解更多的願望。那天晚上，王維吉先生（當地人稱為王師傅）眼中閃爍善意，鼓勵我進一步探索這種垂死的藝術形式。隨着他清脆的笑聲，他收了我為弟子。即使在我離開馬岔之後，他也會通過微信電話與我分享他的快樂，又替我在劇場穿針引線。我有一種衝動，要通過繼承他珍視的中國皮影戲遺產，來報答他的恩情。

回到香港後，我加入了本地黃暉木偶劇團，以便在馬岔王師傅不在的情況下進一步磨練我的木偶工藝。通過表演，我將最初木偶戲帶給我的感覺傳遞給我的觀眾。

在保留皮影戲等古老傳統的同時，我們也在保留人性。儘管我們還不知道科技的出現將把我們領向何方，但我相信，延續人類的傳統將使我們回歸人類的根源 —— 根深蒂固的創造欲。50 年後，當我撫摸我的人造狗，並在公寓的飛行膠囊中餵給牠在實驗室培育的骨頭時，我會瞥一眼牆角的皮影木偶，借此來記住我的人性。藝術傳統讓我們想起過去，以及我們祖先所珍視的價值觀。

藝術超越了令世界兩極分化的語言、政治和偏見障礙 —— 超越了將「我們」與「他們」分開的柵欄。在這個日益部落化的社會中，我將藝術視為促進跨文化聯繫的希望燈塔。我希望利用這種強大的媒介來促進對彼此的理解，即使我們的政治觀點、語言和習俗兩極分化，藝術也可以成為我們無需語言的良藥。

繁榮以外更重要的東西

　　歷史進步的腳程推倒了這些人類傳統。當所有的年輕人都離開家鄉，在繁華的城市中心追求經濟繁榮時，誰來繼承鄉村盛載智慧的遺產？人們似乎相信繁榮總在城市，但我認為在馬岔村及其他所有的鄉村中，都可以找到更重要的東西。我在馬岔人跡罕至的道路上閒逛，注意到周圍沒有像我這樣的青少年。馬岔的青春都到哪兒了？

　　我還記得當地美食的味道，這是原本貧瘠的黃土上不太可能長成的豐富果實，就好像黃土用盡了最後一滴生命力，釀成了這些美味的結晶。我第一次看到玉婷時，她是一個住在馬岔的小女孩，穿一件蓬鬆的黃色連衣裙，是她帶我跳過馬岔小學後面的矮石牆，然後發現一片朝氣洋溢的梅樹林。

　　由當地的藝術、人民以至食物，馬岔代表了在霓紅燈、摩天大樓和大眾媒體中轉瞬即逝的美麗。從馬岔村中心上方塵土飛揚的便利店，到扎着豌豆花辮子的四處奔跑的女孩，這個小社區的一切都散發着美麗而悲傷的光芒。馬岔會在中國城市化的磨礪中倖存下來，其文化遺產依舊毫髮無損，還是會成為經濟發展的犧牲品呢？

Abby Lu

Abby Lu 在 2016 年，僅 12 歲的時候就成為無止橋的學生義工。對亞洲藝術史和東南亞非物質遺產抱有濃厚興趣的 Abby，於皮影戲表演上展現出誠意滿滿的追求。她連續三個夏季為馬岔村項目當義工和負責調研工作，更為推廣皮影戲而建立了網站，並為農村的村民籌款。她曾說：「我對皮影戲的願景，就是令能連繫亞洲甚至世界的這種文化，重新黏合世界在一起。」她的不懈努力，讓她榮獲香港特別行政區社會福利署頒發的義工服務銀獎，以標示她於 2019 及 2020 年累積了超過 100 小時的義工服務時間。

1/ 木偶師王維吉先生（左）收了我為弟子。

2/ 我要通過繼承他珍視的中國皮影戲遺產，來報答
　 王師傅的恩情。

3/ 馬岔村遍地黃土。

4/ 小女孩玉婷（左）帶我在村裏四處闖盪。

1　　2
―――――
3　　4

祝　福

社會名人

盧淩（Luke Lu）
社會義工及捐贈人士

我是和孩子一起參加無止橋活動的。在過去幾年活動裏不僅看到了孩子的成長，而且自己也受益匪淺。

（一）無止橋活動的純粹性是令人愉快和放鬆的，就像周末去行山、出海一樣令人思想放鬆。

（二）馬岔村的經歷和當地人的生活故事，是一個很好的學習過程，讓我對人生的理解多了視角。

（三）無止橋的活動讓我更懂得感恩，慶幸自己獲得的機會，感謝周遭的人對我的幫助。

每次參加完活動都仿佛獲得了一次充電！

希望更多的年輕人參與，感受無止橋活動帶來的美好體驗！

陳妍妮（Rita Chan）

基金教育及宣傳委員會成員

15 年時移世易、15 年踏遍山河，不變的是年青貢獻社会的初心，永續的是生命改變生命的期盼。跨過洶湧的河水，越過疫情的挑戰，對岸就在眼前。

讓心橋無止！祝願無止橋長青！

邱杰斌

建造業議會「建造業運動及義工計劃委員會」委員及無止橋慈善基金導師

認識無止橋慈善基金多年，真正能讓我深入了解其理念的，是一次偶然的機會。通過無止橋資深義工李國良先生的穿針引線，令我有機會連同一班香港大學生、Project WeCan 中學生、一班義工，一同走進中國內地雲南省麗江市一個偏遠的山區農村美樂村參與建造貝雷橋、垃圾焚化爐等民生項目。

在短短八天的工作和生活中，我和一羣朝氣勃勃、樂於助人的義工及同學，一同集體生活，分工合作的情景，至今仍歷歷在目，更令我感受到偏遠農村山區居民的生活與現今城市生活之間的差異。在完成所有項目後，同學、義工們共同努力，一同揮灑汗水的時光，以及當地居民的喜悅情懷，更是加強了我的信念，心繫無止橋，心連心。同時更希望無止橋慈善基金承傳、發展，讓更多的年輕人通過實踐工作、服務社會、增強信念。

基金顧問及董事成員

陳禮健博士（Ir Dr Raymond Chan）

工程師、基金管理委員會成員

　　我感覺每個人的成長或多或少會跟一條橋扯上關係。紐約人忘不了多姿的布克林橋，三藩市人樂道金門大橋，以至我們國家上一代人的長江大橋，皆為一代人造就了不少記憶。

　　從小身邊的橋，就讓我們認知兩個不同地方互通的意義，並潛而默化地孕育溝通的本能。在生活之中，實體橋固然有其意義，但心靈的橋樑對成長更是不可或缺。不同的個體透過交流、合作與溝通建設好一道道心橋，更是難能可貴。而心橋的威力往往能讓人克服人生的困境，如Simon and Garfunkel 名曲 Bridge over troubled water 歌詞所言：「面對窮山惡水，我願以身躺下為你建一條橋……」

　　無止橋的宗旨正是為國內與香港青年通過項目合作建立溝通之心橋。基金會今年踏入第 15 年，作為無止橋的成員，我深感榮幸。衷心希望這一代年輕人以無止橋為心中的「成長之橋」。

贊助商

吳天海

九龍倉集團主席兼常務董事

恭賀　無止橋慈善基金成立 15 周年誌慶

薪火相傳　共建心橋

中港一心　創建明天

九龍倉集團主席兼常務董事吳天海　敬題

許翠鳳

九龍倉集團企業傳訊部

恭喜無止橋慈善基金成立 15 周年誌慶！

九龍倉集團與無止橋同行 10 載，緣起於 2011 年，當時集團成立了全方位支援中學生項目「學校起動計劃」，計劃旨在支援資源匱乏的中學及學生。除了透過捐款改善校內學習環境和硬體外，也透過義工參與學校不同活動，在學生的個人發展上出一分力。

尤記得當年第一次與無止橋團隊見面，當時已知道無止橋一直以大學生為義工招募目標，而我們則希望把有關機會帶給學校起動計劃的中學生。當我們在會議上道出來意時，團隊有一點躊躇。經過雙方多輪詳細商議，無止橋團隊透過面試挑選合適學生，很感恩，經過第一年的參與，大家對參與中學生的表現和信心大增。成就了過去 10 多年無間的合作，也見證了不少同學因為參與了無止橋的工作，而成功改變自己的例子。

至今，已有超過 100 多名學校起動計劃的中學生參與此別具意義的項目，與香港、內地和海外大學生一起到內地，為貧困和偏遠的農村設計和修築便橋及社區設施，也建構了人與人之間的心橋。在此衷心感謝無止橋團隊多年來在項目上無私奉獻，此際香港回歸祖國 25 周年，謹祝無止橋未來有更多的 15 年、25 年。

Cecilia Ho

利希慎基金團隊

　　利希慎基金自 2009 年起與無止橋合作無間，作為基金總裁的 10 年間，我很榮幸能夠參與其中，見證基金與無止橋並肩同行。

　　自新冠病毒疫情爆發以來，學界迎來了前所未有的教學新常態。雖然資訊科技令線上教學日趨成熟，然而遙距的教學模式實在難以取代從實踐中學習，我們相信學生捲起衣袖、身體力行，就是最深刻的體驗。

　　無止橋讓參加者勇敢跨出「舒適圈」，試煉自己，就如這書的書名所言，親身感受「不一樣的天與地」。若非親歷其境，香港的同學大概難以想像，有小朋友的上學路途顛簸遙遠，乾淨的食水也不是唾手可得。無止橋在農村地域建立了穩固的人行便橋，同時築起了人與人溝通和知識之橋，為村民和參加者的生命添上了色彩和意義。利希慎基金祝願無止橋能總結經驗，更上一層，繼續將寶貴的服務體驗帶給年青一代。

鳴　謝

《看見世界的另一端》得以順利出版，無止橋慈善基金衷心感謝書中所有撰文分享的作者和義工朋友，香港商務印書館全力協助出版與發行事宜。

無止橋慈善基金 15 年來的發展與成長，全賴多年來慷慨支持無止橋的眾多機構和善長，包括為基金提供起動經費的新世界發展有限公司，慷慨贊助項目的陳張敏聰夫人慈善基金有限公司、利希慎基金、九龍倉集團有限公司、香港特區民政事務局、香港上海滙豐銀行 —The PCD Charitable Trust、 Ho & Partners Architects - hpa 何設計、太古地產有限公司、卡地亞、周大福慈善基金、周大福珠寶集團、香港房屋協會等等 *。另外，基金亦誠摯感謝與基金共同成長的所有成員、義工和社會各界支持我們的朋友！

* 善長及贊助名單眾多，恕未能盡錄。排名不分先後。

參與院校

香港：

香港大學、香港中文大學、香港科技大學、香港理工大學、香港城市大學、香港浸會大學、珠海學院、香港恒生大學、香港高等科技教育學院、香港都會大學、香港教育大學、嶺南大學、香港樹仁大學

中國內地及其他：

重慶大學、重慶交通大學、昆明理工大學、四川大學、中央民族大學、清華大學、北京大學、同濟大學、浙江大學、西安交通大學、西安建築科技大學、貴州師範大學、武漢理工大學、東南大學、南京大學、合肥工業大學、東海大學（台灣）、史丹福大學（美國）、伊利諾伊大學厄巴納－香檳分校（美國）

* 排名不分先後

結　語

　　15 年，不是一個短日
子，幸而由成立到今天，無
止橋慈善基金走過多少路
途，都有你們在身邊陪伴、
同行。我們一起去過太多地
方，看過太多風景，留下了
太多故事。

　　那麼多的歡笑和眼淚，
沒有存進行李箱，也沒有寫
進明信片，而是一一留待這

2018 年參與雲南麗江黎光村吾吉後項目鄧嘉智同學。

本書，去告訴你那些我們留在路途上的足跡。

　　無止橋強調「心橋」，說的正是人與人之間的連結。人生路，總要結
伴去走，才會不單調；生活的味，總要一起去嘗，才可能嘗得到五味紛
陳。我們誠摯地盼望，下一個 15 年，我們依然在彼此的身邊。

　　偶爾回想，那一年，遇上無止橋，然後看見了世界的另一端。